에도시대를
알면
현대일본이
보인다

에도 시대를 알면 현대 일본이 보인다

류광하 지음

흑선 내항부터 메이지 시대까지 현대 일본에 중요한 에도 시대의 역사

목욕탕 센토
참근교대
사무라이
에도막부
쇼군 승계
사카모토 료마

| 머리말 |

　일본은 우리나라 사람들이 가장 싫어하는 나라이지만, 가장 여행을 많이 가는 나라이기도 합니다. 2018년도 한 해에만 750만 명이나 일본을 방문하였다고 합니다. 이렇듯 일본에 대해서는 참으로 복잡한 감정을 가지고 있습니다.

　과거에는 우리 선조들이 앞섰지만 잠시 식민지나 전쟁으로 인해 주춤했던 우리의 역사가 더 앞서길 바라는 게 우리 모두의 바람이 아닐까 합니다. 일본에 대한 우리 민족의 억울함이 미움이나 반감으로만 끝날 게 아니라 일본을 앞서 나가 보상받아야 한다는 건 우리 모두의 잠재의식 속에 남아있을 거라 생각합니다. 그러나 그 미움 때문에 일본에 대해 마음과 눈을 닫아 버리고 알려고도 하지 않는 것도 현실입니다. "적을 알고 나를 알면 백번을 싸워도 위태하지 않다."라는 말이 있지 않습니까.

　그래서 필자는 오늘날의 일본을 알기 위해 평소 여러 역사책도 읽고, 특히 일본어 공부를 하면서 일본 사람들은 학교에서 어떻게 일본사를 배우고 있는지 NHK 고교 강좌 — 일본사를 통해 공부하다가 현대 일본의 형태가 에도(江戶) 시대 때 거의 다 갖추어졌다는 것을 알게 되면서 더욱 깊이 빠지게 되었습니다. 시중에 나온 일본에 관한 책들은 깊이 있는 역사서이거나 아니면 너무 가벼운 문화 서적 또는 어느 한쪽으로 치우친 책들이라 만족할 수가 없었습니다. 적절한 깊이에 적절한 시간 투자로 읽을 수 있는 책, 그리고 가능한 객관적이고 정확하게 일본에 대한 이해를 도울 수 있는 책으로 남았으면 하는 생각으로 쓰게 되었습니다.

현대 일본인과 일본 문화를 이해하기 위해서는 에도(江戶) 시대의 정치, 경제, 문화를 아는 게 필요합니다. 에도(江戶) 시대 말기 서양 문물을 받아들인 근대화 과정 중에서도 일본을 개항(開港)으로 이끈 1853년 미국의 페리 제독의 흑선(黑船)의 출현에서부터 1877년 부시 계급(武士階級, 무사 계급)의 최후의 저항으로 끝난 세이난(西南) 전쟁까지 대략 25년간을 주 무대로 하면서 에도(江戶) 시대(1603~1867년)의 정치, 문화, 생활상을 함께 담아보았습니다.

글을 쓰면서 특히 도움을 준 동경 복지대학에서 특임 강사로 근무하는 고교 동기인 황팔수 선생과 옆에서 언제나 지지해준 아내와 딸 정아, 아들 상우에게도 고맙다는 말 전하고 싶습니다. 끝으로 이 책이 나오기까지 수고해주신 책나무출판사 직원 분들에게 감사의 말을 전합니다.

지난 출판 후 아쉬움과 미련이 남았는데 이렇게 개정판으로 여러분을 만나게 되어서 참으로 행복합니다. 여러분의 일본 여행이 더욱 풍부하고 깊어져 기억에 남는 추억의 여행이 되는 한 권의 책으로 남고 싶습니다. 감사합니다.

2023. 1. 류광하

| 목차 |

1 에도 시대를 알면 현대 일본이 보인다. 011

2 아편 전쟁은 일본을 개항하게 만든다. 014

015 일본은 우리나라보다 크다.
020 에도 막부의 탄생
021 일본에서 쇄국 정치는 크리스트교 전파를 막기 위해서 실시했다.
024 서양으로 열린 유일한 문 – 데지마
025 일본의 서양의사와 최초의 해부학 번역서(해체신서)

3 일본의 문을 열게 만든 페리 제독의 흑선(黑船, 쿠로후네) (1853년) 031

033 페리 제독이 조선으로 오지 않고 일본으로 간 이유는?
033 막부는 일본에서 7백 년이나 지속되었다.
034 뎃포(鉄砲, 조총)의 연속 사격이 전쟁의 양상을 바꾸다.

035 오다 노부나가(織田信長)의 마지막 말 "적은 혼노지에 있다."
036 도요토미 히데요시(豊臣秀吉)는 일본 통일 후 계급 사회 정착부터 시행한다.
038 사무라이들에게는 칼로 베어도 되는 면책권이 있었다.
039 할복(割腹)은 사무라이들에게만 허용되었다.
040 주군(主君)이나 아버지, 형의 복수(復讐)는 사무라이들만 직접 할 수 있었다.

4
페리 제독으로 인해 미국과 화친 조약(和親條約)을 맺는다. (1854년) 042

043 작은 어촌 에도(江戶, 동경)를 대규모 도시로 건설하다.
048 현재의 도쿄를 통해 남아있는 에도시대의 흔적을 찾아봅시다
059 쇼군은 다이묘를 3등급으로 나누었다
062 다이묘들의 가족을 에도에 볼모로 잡아두다.
064 모든 도로와 뱃길은 에도로 통한다.
068 에도(江戶, 동경) 내의 4개의 역참(숙박지)에서는 무슨 일이 있었나.
070 쇼군 호위 무사 — 하타모토(旗本), 고케닌(ご家人)
071 산킨코타이로 성(性) 산업이 발달하게 되다.

5
페리 제독이 온 5년 후에는 '미일 수호통상조약' (1858년) 075

077 요시다 쇼인(吉田松陰) 정한론(征韓論)과 대동아 공영론(大東亞共榮論)을 주장하다.
079 아베(安部) 총리와 다카스기 신사쿠(高杉晋作)
080 18세기에 이미 에도(江戶, 동경) 인구가 1백만 명을 돌파했다.
084 요시와라(吉原)는 막부로부터 공인된 유곽지였다.
086 18세기 인구 1백 만이 살았던 에도(江戶, 동경)의 화재 대책은?
088 에도 시대 목욕탕 센토의 내부 구조

6 시마즈 히사미츠(島津久光) 영국과 전쟁의 빌미를 제공하다. (1862년) **091**

094 신선조(新選組)는 에도 막부를 끝까지 지키려는 보수의 아이콘인가!
096 사쓰마번(薩摩藩, 가고시마현)
098 조총(鳥銃), 화승총(火繩銃), 종자도총(種字島銃)
100 죠슈번(長州藩, 야마구치현)

7 사쓰에이(薩英) 전쟁과 연합국 4개국의 죠슈(長州) 정벌 (1863~1864년) **103**

105 후쿠자와 유키치 "아시아를 벗어나 유럽으로 들어가자."
106 조선은 사(士)농공상, 일본은 시(侍, 사무라이)농공상.
109 농민들은 5가구, 7가구, 10가구씩 묶어서 세금과 연대 책임을 졌다.
110 쇼군 승계는 어떻게 했을까.
111 5대 쇼군(将軍)의 별명은 이누(犬, 개) 쇼군.

8 삿쵸(薩長) 동맹과 사카모토 료마 (1866년) **114**

116 사카모토 료마 일본에서 가장 존경 받는 인물이라는데.
118 붓을 든 사무라이

9 쇼군 천황에게 700년 만에 정권을 돌려주다 — 대정봉환(大政奉還)(1867년) **122**

10 / 이와쿠라(岩倉) 사절단과 조선의 신사 유람단 (1871년) **127**

11 / 사무라이들의 최후 — 세이난(西南) 전쟁 (1877년) **131**

12 / 메이지 유신의 성공과 현재의 일본 (1868년) **135**

1
에도 시대를 알면
현대 일본이 보인다.

일본은 우리나라 사람들이 해외여행으로 가장 많이 가는 나라입니다. 여행을 하다 보면 너무나 친절하고 예의도 바르고 거리 역시 너무 깨끗하고 정리가 잘 되어 있어 놀라기도 합니다. 우리나라와 가까운 나라인데도 불구하고 성(性)에 대해서는 또 지나치다고 할 만큼 개방적입니다. 우리와 가깝고 비슷하게 생겼지만 너무 다르다는 건 그만큼 서로 살아온 역사가 달랐기 때문입니다. 일본을 보다 잘 이해하기 위해서는 현대 일본의 형태가 거의 다 갖추어 졌다고 하는 에도(江戶) 시대를 아는 게 필요합니다. 그럼 우리나라 조선 시대에 해당하는, 일본의 에도 시대를 알아보도록 하겠습니다.

에도(江戶)란 강(江)이 바다로 들어가는 문(戶)이라는 뜻으로 도쿄(東

京, 동경)의 옛 이름입니다. 한양이 지금 서울의 옛 이름인 것과 같은 것이죠. 에도(江戶)시대는 1603년 일본을 통일시킨 도쿠가와 이에야스(德川家康)라는 장군이 에도에 세운 막부(幕府, 무신 정부) 시대로서 에도 막부라고도 합니다. 그 당시 덴노(天皇, 천황)는 있었으나 실권이 없고 막부의 1인자인 쇼군(將軍)이 실질적 권력을 잡고 있었습니다.

 에도 시대는 1603년부터 우리가 잘 알고 있는 메이지 유신(1868년) 전까지 265년간 일본을 통치하였던 시대입니다. 우리나라로 치면 선조(1567~1608년) 말기 때부터 고종(1863~1908년) 초기까지에 해당합니다.

 서양 문물을 받아들인 근대화 과정에서 우리나라와 일본을 비교해봤으며, 그 과정에서도 일본을 개항(開港)으로 이끈 1853년 미국의 페리 제독의 흑선(黒船)의 출현에서부터 1877년 부시 계급(武士階級, 무사 계급)의 최후의 저항으로 끝난 세이난(西南) 전쟁까지 대략 25년간을 살펴보았다. 그리고 에도(江戶)시대(1603~1867년)의 정치, 문화, 생활상을 등도 함께 알아봤습니다.

2

아편 전쟁은 일본을 개항하게 만든다.

아편 전쟁은 1840년 일어난 중국 개항 및 아편 무역을 둘러싸고 일어난 영국과 중국 간의 전쟁이다. 이 전쟁의 결과 아시아의 최고 강대국인 중국의 허약함을 알아챈 서구 열강이 경쟁적으로 중국을 비롯하여 조선, 일본으로 몰려 들어온다. 이 과정을 일본과 조선은 과연 어떻게 받아들였는가.

일본은 아편 전쟁(1840~1842년)이 일어난 소식을 나가사키(長崎)현의 데지마(出島)[01]에 있는 네덜란드인을 통해 서양 세력에 의해 중국이 무너

---

01 출도, 일본이 쇄국 정치 중에도 해외에 열어놓은 유일한 통로.

졌다고 직접 듣는다. 그래서 1853년 페리 제독의 흑선(黑船)[02]이 왔을 때 중국처럼 당하기 전에 스스로 개항을 하게 된다. 타산지석(他山之石)[03]으로 삼은 경우라 할 수 있겠다. 그리하여 일본은 서구 열강들에 의해 반식민지 상태에 놓인 중국과는 다른 길을 걸었고 급기야는 조선을 식민지화한다.

그러나 중국을 거쳐서 아편 전쟁을 남쪽 오랑캐들의 소란쯤으로 대수롭지 않게 들은 조선은 너무나도 안일하게 대처하였고 그래도 중국이 지켜주겠지 하는 막연한 기대감과 국제 정세에 대한 정보 부족 등으로 일본의 식민지가 되어 버린다.

중국에서 일어난 아편 전쟁이라는 작은 날갯짓이 일본을 걸쳐 조선에 태풍이 되어 돌아온 것이다. 견소왈명(見小曰明)이라고, 사소한 것을 보고도 미묘한 변화를 감지해낼 수 있는 날카로운 통찰력이 예나 지금이나 필요하다.

일본은 우리나라보다 크다.

일본의 크기는 남북한을 합친 것보다 1.7배나 크고, 인구는 1억3천

---

02 증기선, 외벽이 타르로 칠해져 검은 배라고 부름.
03 다른 산에 쓸모없는 돌일지라도 내게는 옥구슬을 가는데 유용하게 쓸 수 있다.

명으로 남한의 2.5배 정도 된다고 한다. 어떤 나라를 빨리 이해하기 위해서는 우선 지도로 행정 구역을 알아보는 것이 좋다.

1) 일본은 '1도(都)', '1도(道)', '2부(府)', '43현(縣)'으로 구성되어 있으며, 각각은 동경도(東京都), 홋카이도(北海道), 오사카부(大坂府), 교토부(京都府) 및 43개 현(県)으로 되어있다.

2) '혼슈(本州)', '시코쿠(四国)', '큐우슈우(九州)', '홋카이도(北海土)' 등 4개의 큰 섬으로 이루어져 있다.

1	홋카이도	2	아오모리 현	3	이와테 현	4	미야기 현
5	아키타 현	6	야마가타 현	7	후쿠시마 현	8	이바라키 현
9	도치기 현	10	군마 현	11	사이타마 현	12	지바 현
13	도쿄 도	14	가나가와 현	15	니가타 현	16	도야마 현
17	이시카와 현	18	후쿠이 현	19	야마나시 현	20	나가노 현
21	기후 현	22	시즈오카 현	23	아이치 현	24	미에 현
25	시가 현	26	교토 부	27	오사카 부	28	효고 현
29	나라 현	30	와카야마 현	31	돗토리 현	32	시마네 현
33	오카야마 현	34	히로시마 현	35	야마구치 현	36	도쿠시마 현
37	가가와 현	38	에히메 현	39	고치 현	40	후쿠오카 현
41	사가 현	42	나가사키 현	43	구마모토 현	44	오이타 현
45	미야자키 현	46	가고시마 현	47	오키나와 현		

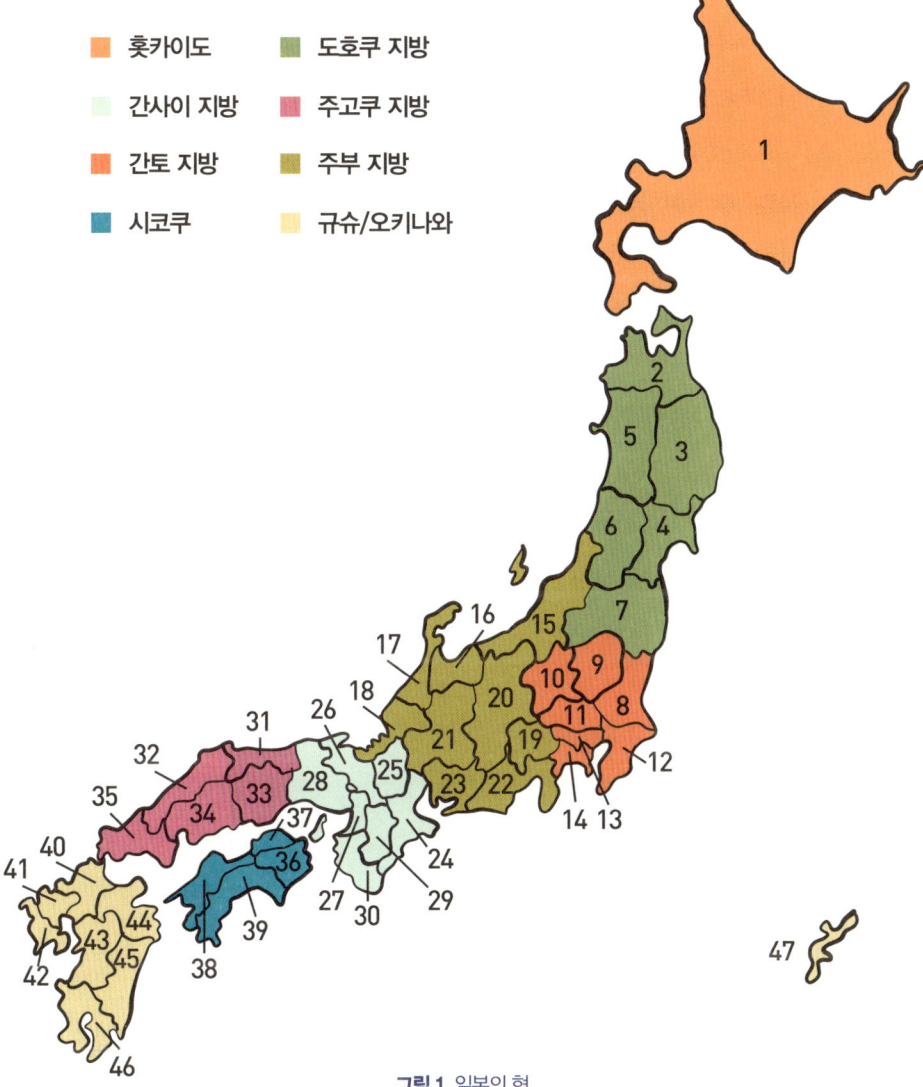

그림 1. 일본의 현

① 혼슈(本州)

　관동(関東, 간토) 지방 : 도쿄, 이바라기(미토시), 도치기(우츠노미야시), 군마(마에바시), 지바, 가나가와(요코하마시)

　동북(東北, 도호쿠) 지방 : 아오모리, 이와테(모리오카시), 미야기(센다이시), 아키타, 야마가타, 후쿠시마

　중부(中部, 주부) 지방 : 니가타, 도야마, 이시가와(가나자와시), 후쿠이, 나가노, 기후, 아이치(나고야), 야마나시(고후), 시즈오카

　긴키(近幾) = 관서(關西) 지방 : 효고(고베), 오사카, 교토, 나라, 와카야마, 미에(츠시), 시가(오오츠시)

　중국(中國, 주고쿠) 지방 : 야마구치, 시마네(마츠에시), 돗토리, 히로시마, 오카야마

② 시코쿠(四国, 사국) 지방

　가가와(다카마츠시), 도쿠시마, 에히메(마츠야마시), 고치

③ 규슈(九州, 구주) 지방

　후쿠오카, 사가, 나가사키, 구마모토, 오이타, 미야자키, 가고시, 오키나와(나하시)

④ 홋카이도(北海道, 북해도) (삿포로시 – 홋카이도청 소재지)

　☞ 현(縣) 이름 옆 괄호 안에 있는 도시는 현과 현청 소재지 이름이 다른 현(縣)이다.

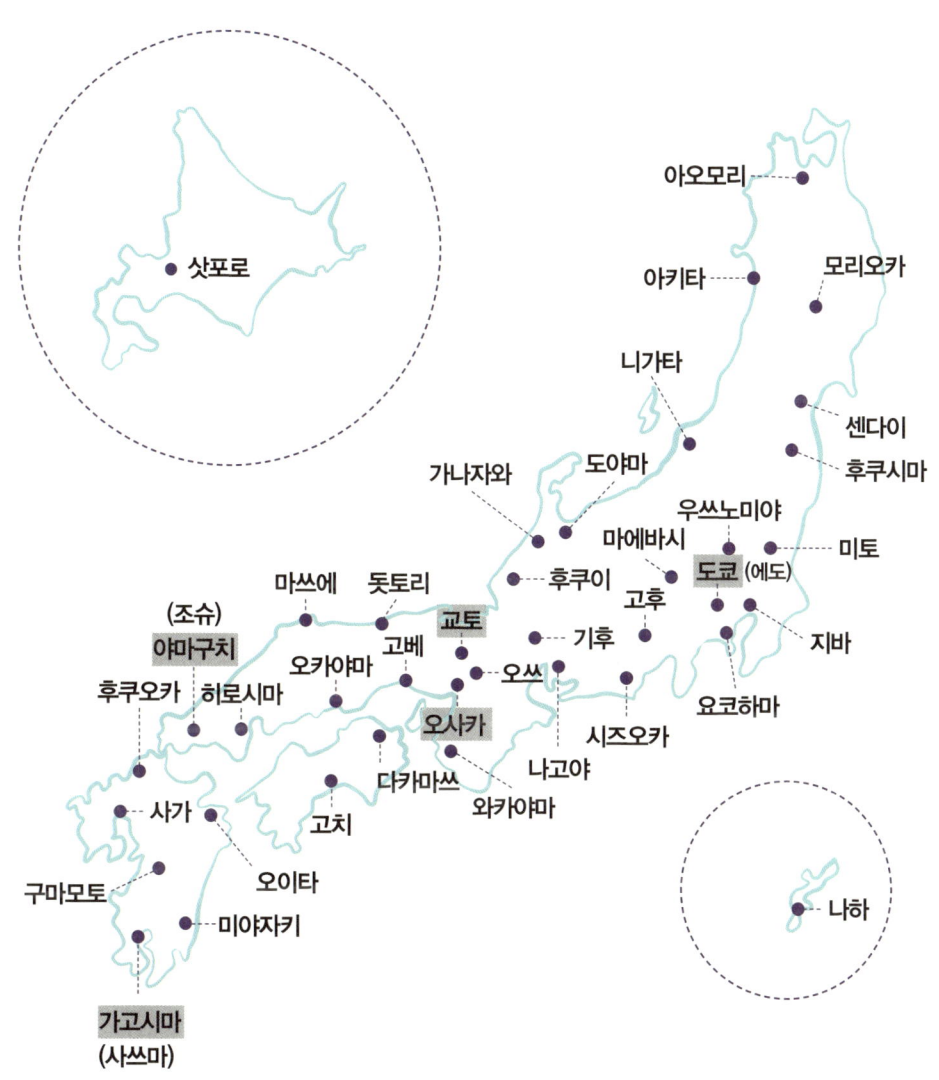

그림 2. 현청 소재지

에도 막부의 탄생

현대 일본의 형태는 에도 막부(江戶幕府)때 거의 갖추어졌다고 한다. 그럼 에도 막부란 무엇일까. 우선은 도요토미 히데요시(豊臣秀吉)가 죽고 난 후 일어난 내전에 대해 알아야 한다.

1598년 조선과의 정유재란이 끝난 후, 일본 전국은 도요토미 히데요시(豊臣秀吉) 사후(死後) 권력을 이어 받은 5살짜리 아들, 도요토미 히데요리(豊臣秀頼)를 지지하는 이시다 미쓰나리(石田三成)를 중심으로 한 서(西)군과 에도(江戶, 동경)를 중심으로 한 도쿠가와 이에야스(德川家康)를 지지하는 동(東)군 간에 큰 싸움이 일어난다.

이 싸움이 바로 세키가하라(関が原) 전투(1600년)이다. 서군과 동군이 세키가하라(関が原, 기후현 근처)에서 전투를 벌였는데 도쿠가와 이에야스(德川家康)가 승리하여 덴노(天皇, 천황)로부터 세이다이쇼군(征黃大将軍, 정이대장군) 즉, 쇼군(将軍)으로 칭함을 받는다. 그 후 그가 다이묘(大名, 영주)로 있던 에도(江戶)에 막부(幕府, 무사 정권)를 세우게 되는데 이것이 바로 에도 막부(江戶幕府)이다. 즉, 도쿠가와 이에야스(德川家康)가 에도(江戶)에 세운 무사 정권인 것이다. 이때 힘이 없는 덴노(天皇, 천황)는 교토(京都)에서 쇼군이 주는 봉록(俸祿)[04]을 받아 숨만 쉬면서 살아간다.

---

04 벼슬아치들에 주는 곡식, 옷, 돈.

한양이 서울의 옛 지명이었던 것처럼 에도(江戶)는 동경(東京)의 옛 지명이다. 동경(東京)이라는 이름은 1869년 메이지 유신 때 기존의 수도(首都)였던 교토(京都)보다 동쪽에 있는 수도라는 의미로 지어진 이름이다.

일본에서 쇄국 정치는 크리스트교 전파를 막기 위해서 실시했다.

일본에 제일 처음 기독교를 선교한 분은 1549년에 스페인에서 오신 프란시스코 사비에르 신부이다. 그 후 지속적으로 교세가 확장되어 1600년대 초 일본의 크리스트교 신도 수는 약 70만 정도에 이르렀다고 한다. 그 당시 인구수에 비하면 엄청난 숫자인 것이다. 현재 일본 내 크리스트교 신도 수는 인구의 1% 남짓인 1백만 명 정도라고 한다. 현재 나가사키현의 시마바라(島原)와 구마모토현의 아마쿠사(天草)의 다이묘(大名, 영주)가 기리스탄(キリスタン, 크리스트교 신자)이었기 때문에 자연스럽게 영지에 있는 일반 백성들도 대부분이 기리스탄(キリスタン)이었다. 임진왜란이 끝나고 일본에서 일어난 세키가하라(関が原) 전투(1600년) 이후 두 지역은 도쿠가와 이에야스(德川家康)측 다이묘(大名)로 바뀐다.

일본은 신분 사회인데 크리스트교는 전통적인 일본의 사회 구조를

뒤흔들고, 쇼군의 권위에 도전했기에 에도 막부 측에서는 그냥 두고만 볼 수 없었다. 이런 가운데 이 지역 새로운 다이묘(大名)는 기리스탄(キリスタン)을 탄압을 하고 가혹한 세금을 거두어들인다. 이것에 반발하여 기리스탄(キリスタン)과 당시 사무라이에서 농민이나 노동자로 떨어진 반막부(反幕府) 세력이 중심이 되어 시마바라(島原)와 아마쿠사(天草) 지역에서 잇키(一揆, 농민 봉기)를 일으킨다(1637년).

이것을 시마바라(島原)와 아마쿠사(天草)의 잇키(一揆, 농민 봉기) 또는 시마바라(島原)의 난이라 한다. 이때 아마쿠사 시로토키마사(天草四郎時貞)라는 16세의 소년 장수를 중심으로 한 반란군 3만8천여 명은 하라죠우아토(原城跡)라고 하는 곳에 끝까지 농성을 하였고, 이를 진압하는 데에 바쿠후(幕府, 막부)군은 12만 명이 동원되어 4개월 만에 겨우 진압을 하게 된다. 이 과정에서 반란군 전원이 다 참수를 당하게 된다. 이 지역민 대부분이 기리스탄(キリスタン)이라 한마디로 순교를 한 것이죠. 조선에서는 1801년 신유박해 때 5백여 명, 1839년 기해박해 때 1백여 명 이상, 1866년 병인박해 때 8천여 명의 천주교도들의 희생과 순교가 일어났다. 이렇게 크게 혼이 난 바쿠후(幕府)군은 크리스트교를 심하게 탄압한다. 선교사나 기리스탄(キリスタン)을 신고하는 자에게는 포상금을 주고, 후미에(踏み絵, 밟은 그림)라 하여 예수나 성모 마리아 그림을 밟고 지나가도록 하여 밟지 않으면 기리스탄(キリスタン)이라 간주하여 처형하였고, 농촌에선 5인조(5人組)라 해서 5가구를 한조(組)로 묶어 서로서로를 감시하게 하여 자체 적발되는 경우 연좌제로 모두 다

처벌하였다. 이렇게까지 크리스트 탄압이 지속되니깐 기리스탄(キリスタン) 대부분은 소멸되었다.

개항(開港) 후 일본에도 기독교가 들어오고 나가사키(長崎)현에 새로운 오우라 천주당이 세워지자, 1865년 3월 17일 성당의 프티 장 신부 앞으로 13~15명 정도의 카쿠레 기리스탄(隱れキリスタン, 숨은 크리스찬)이 찾아온다. 이들은 바로 250년간 숨어서 목숨을 걸고 자기들의 종교를 지켜온 자들이었다. 이 사건은 교회사에서도 유례를 찾기 힘든 일로, '신자 발견'이라고 부르며, 기적에 가까운 일이었다. 그 후 바쿠후(幕府)는 모든 백성들이 의무적으로 불교 사찰에 불자로 등록하도록 하였으며, 이사 갈 때, 장례식을 치를 때와 같은 경조사를 절에서 의무적으로 해결하게 하였다. 그리고 아이의 출생 신고도 가까운 절에서 시행하여 원천적으로 크리스트교에 들어가지 못하도록 관리하였다.

급기야 바쿠후(幕府)는 자기들 정치 체제를 보호하고, 크리스트교 선교 활동을 전면 금지하기 위해 시마바라(島原)의 난이 일어난 2년 후인 1639년에는 크리스트교 선교 활동에 적극적인 구교도(舊敎徒, 가톨릭교)인 포르투갈인들을 모두 추방한다. 1641년에는 신교도(新敎徒, 개신교)인 네덜란드인을 선교를 하지 않는 조건으로 데지마(出島)에 국한하여 무역을 허용하고 그 후 2백여 년간 쇄국(鎖國)을 단행하게 된다. 기존 체제를 유지하는 데에 있어 종교란 이렇게 무서운 것이었다.

이때 일본인이 해외로 나가거나, 해외에 있는 일본인이 국내로 들어오는 경우 사형에 처하였고, 해외 항해를 금지시키고 해외 무역을 막기

위해 쌀 500석 이상을 선적할 수 있는 크기의 선박은 만들지 못하도록
하였다. 그렇지만 고기 잡으러 배를 타고 갔다가 태풍 등을 만나 어쩔
수 없이 해외에 체류하게 된 경우에도 해당되어 귀국을 할 수 없게 된
비극도 있었다. 해령(海嶺)이라는 소설에 잘 나타나 있다.

서양으로 열린
유일한 문 - 데지마

데지마(出島)는 규슈(九州) 나가사키(長崎)현 앞바다에 있는 자그마한
섬으로 서양 문물 및 정보는 받아들이되 기독교의 포교는 금지하는 목
적으로 만든 부채 모양의 인공 섬이다(1636년).

초기에는 포르투갈인들이 거주하였으나 기독교 선교 활동으로 일본
에서 문제를 일으키자 에도 막부는 이들을 추방한다. 그리고는 1641년
기독교 포교 활동은 하지 않고 오직 상업 활동만 하겠다는 조건으로 네
덜란드 무역 상사의 이전을 허락한다. 그 후 2백여 년간 일본의 유럽 해
외 무역 창구 역할을 해왔고 크기는 230m×70m 정도로 체류 인원은 한
꺼번에 19명으로 제한하였으며 서양 여자는 기거할 수 없게 하였다. 매
우 밀폐되고 제한된 공간이었지만 무역을 위해서는 어쩔 수 없이 불편
함을 감내했어야 했다. 일본인의 출입 역시 매우 제한되어 비공식적으
로 출입할 수 있는 사람은 창부(娼婦)들뿐이었다. 그러나 이곳을 통해

일본 문화가 유럽으로 소개가 되었고, 일본 역시 서양 서적 등으로 서양 학문을 배우자는 난학(蘭學)이 발달하여 이것으로 인해 일본 근대화를 앞당기는 계기도 되었다. 이곳을 통해 들어온 주 수입품인 설탕으로 과자와 빵을 만들었는데 그것이 지금도 나가사키 명물로 유명한 카스테라이다.

막부(幕府)는 네덜란드 선박이 나사사키(長崎)항에 입항할 때마다 '네덜란드 풍설서'라는 해외 정보를 담은 보고서를 제출하도록 하였고, 아편 전쟁 후에는 더 상세한 정보를 담도록 요구하였다. 이와 같은 정보 수집으로 페리 제독이 올 것도 미리 알았다고 한다. 쇼군(將軍)은 네덜란드인을 1년에 한번씩 에도(江戶, 동경)에 초청해서 서양 사정을 듣기도 했다.

조선에도 이와 같은 곳으로 조선 말기 1885년 영국군이 일시적으로 지배한 적이 있는 여수 근처의 거문도나 부산 영도 끝의 태종대에 두어 서구 문물을 받아들이는 창구로 사용하였다면 어떠했을까.

일본의 서양의사와
최초의 해부학 번역서(해체신서)

일본 의료는 우리나라보다 일찍 서양 의학을 받아들여 발전을 해왔고, 최근은 우리나라 의료 기술이 많이 따라잡아 어떤 방면에서는 오히려 앞선다는 평가도 있다. 우리나라 의료 체계에서는 의과 대학과 한의과 대학에서 각각 의사와 한의사를 배출하지만 일본에서는 의사 면허증을 가지고 있는 자에 한하여 칸포우이(韓方醫, 한방의) 자격시험을 칠 기회를 준다. 다시 말해 한의사만 따로 두지는 않는다는 점에서 우리나라와 크게 다르다고 할 수 있겠다.

나가사키 앞바다에 있는 데지마(出島)에서 유입된 서양 의학을 난방 의학(蘭方醫學)이라 하고, 이들에게 배운 제자들이 메이지 유신 시기 서양 의학 도입의 주도적인 역할을 한다. 일본으로 유입된 난방 의학이 처음으로 실제적인 효과를 보인 건 우두법(천연두 예방접종)이며, 1850년대에 폭발적으로 우두법[05]을 보급한다. 1858년 에도(江戶, 동경)에 종두소(種痘所)를 세웠는데 이 종두소가 현 도쿄대학 의학부의 전신이 된다. 1853년 페리 제독으로 인해 개항을 한 후에는 나가사키현에 정부 직할의 의학교를 세워 전장(戰場) 치료를 위한 해부학, 붕대법 등 군진 의료를 포함시킨다. 이렇듯 초기 서양 의학은 군사적 목적으로 태동되었다. 1876년에는 도쿄의학교에서 최초로 20명의 의사가 배출되었고, 1884년에는 '의사면허규칙', '의사개업시험규칙'을 발표하여 새롭게 한방의가 개업을 하려면 서양 의학 시험을 통과해야만 개업 면허를 부여한다는 규칙을 발표한다. 사실상 서양 의사만을 정식 의사로 인정한다는 뜻이었다. 1899년 조선에서 서양 의사를 양성하기 위해 의학교를 세울 때 이미 일본에는 서양 의

---

05   조선은 1879년에 지석영에 의해 우두법 시행.

사가 1만5천여 명이나 있었다. 일본에서 난학(蘭學)은 네덜란드를 연구하는 학문이지만 이는 곧 서양 학문 연구를 뜻하였다. 그 중에서『해체신서(解體新書)』는 일본 최초의 번역 의학서로서 네덜란드어판인『터펠 아나토미아(ontleedkundiege tafelen)』를 번역한 책이다.

일본에서 최초의 인체 해부는 1754년 교토의 야마와키 토요(山脇東洋)가 처형된 죄인을 대상으로 실시했다. 이것이 일본 의학계로 퍼져나갔고 동양 최초의 해부학 번역서『해체신서(解體新書)』를 쓴 스키타 겐파쿠(杉田玄白)도 기존의 오장육부설에 의문을 품기 시작한다. 그러던 중 1771년 오래전부터 요청했던 죄인 해부 참관 허락이 떨어져서 겐파쿠(玄白)는 동료 의사인 나카가와 쥰안(中山淳庵)과 마에노 료타쿠(前野良沢)와 함께 참관하면서 비교해 본 네덜란드어판인『터펠 아나토미

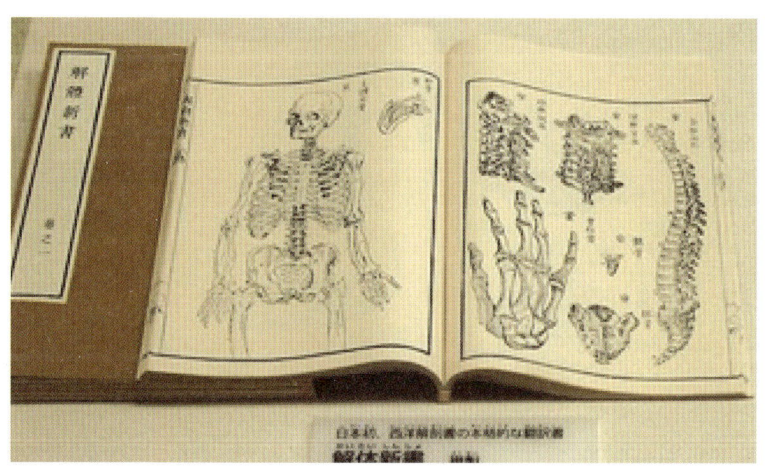

그림 3. 해체신서(解體新書)

아』의 해부도가 너무나도 정확하다는 데에 깜짝 놀란다. 그리고서는 겐파쿠(玄白)의 제안으로 세 사람은『터펠 아나토미아』를 번역하기로 한다. 번역의 리더는 당시 네덜란드어를 초보 수준으로 알고 있던 의사 마에노 료타쿠였고, 모두 번역하는 게 힘들어서 먼저 도판(그림책)을 그리고 나중에 본문을 번역한다. 도판을 먼저『해체약도(解體略圖)』라는 이름으로 간행하여 소비자와 막부(幕府)의 반응을 보고 별 문제가 없자 1774년에『해체신서(解體新書)』전체를 간행하게 된다.

주된 번역자는 마에노 료타쿠였지만 그는 완벽하지 않는 번역이라 번역자로 이름 올리길 거절하여 결국 스키타 겐파쿠(杉田玄白)가 대표 저자로 알려지게 된다. 3년에 걸쳐 완성된 이 책에는 동맥(動脈), 연골(軟骨), 두개골(頭蓋骨), 신경(神經) 등의 한자어가 명명되어 있다. 동맥(動脈, artery)은 맥박이 뛸 때마다 움직이는 혈관이기에 맥(脈)이 움직인다는 뜻으로 번역한 것 같고, 연골(軟骨, cartilage)은 뼈와 뼈 사이의 마찰을 방지하거나 귓바퀴와 같이 형태를 유지하는데 사용되는데 이는 만져보아서 뼈보다 약하고 일반 조직보다는 단단하여 연한 골이라 뜻으로 연골(軟骨)이라 명명한 것 같다. 두개골(頭蓋骨)은 머리를 덮고 있는 뼈란 의미로 개(蓋, 덮을 개)를 넣어 만든 것 같은데, 이것을 순 한글 의학 용어로 바꾼다면 '머리덮개뼈'라고 해야 한다. 이러한 의학 용어들은 한자어지만 이미 오랫동안 우리 생활에서 쓰여 왔기에 한자어가 더 편리하다고 할 수 있다. 무조건 의학 용어가 어렵다고 한글화시키는 건 재고해 봐야겠다. 예를 들면 넓적다리뼈(大腿骨, 대퇴골), 머리덮개(頭皮,

두피) 어느 것이 더 편할까요. 비록 한자어라도 기억과 구분이 용이하다면 그것이 표준이 될 수 있지 않을까요. 위의 4가지 의학 용어 중에서 제일 잘 만든 건 아마도 신경(神經, nerve)인 것 같다. 해부할 때 보면 신경을 찾기는 쉽지 않고 신경이 손상이 되면 지배하는 근육을 움직일 수 없기에 귀신이 다니는 경로, 아니면 신비한 경로란 뜻으로 신경(神經)이라 번역한건 아닐까 생각한다. 지금 보아도 참 잘 이름 지어진 것 같다. 처음으로 무엇을 새로 만들어 낸다는 건 참으로 어려운 일 아닌가.

『해체신서(解體新書)』출간 이후 난학(蘭學)은 일본 근대 의학뿐 아니라 과학, 교육, 사고방식, 관습 등 일본인과 일본 사회에 영향을 미치며 퍼져나갔다. 일본이 서양식 근대화를 이루는 하나의 토양이 된 것이다. 겐파쿠(玄白) 등이 보여준 "의사라면서 인체 구조도 제대로 모른다는 것은 부끄러운 일"이라고 접근한 자세는 마치 차를 고치는데 차 내부 구조도 모르고 차를 고치려고 하는 것에 비유할 수 있지 않을까. 원본은 도쿄의 일본 대학 의학부에, 초판은 후쿠오카의 규슈 대학 의학 도서관, 오이타현 나카쓰시(中津市)에 오에 의가사료관(大江醫家史料館)등에 소장되어 있다.

3

일본의 문을 열게 만든
페리 제독의 흑선(黑船, 쿠로후네)
(1853년)

일본 역사상 가장 중요한 사건 중 하나는 페리 제독이 흑선을 이끌고 온 것 일거다. 흑선(黑船)이란 증기선의 외벽을 타르로 칠해서 배가 검게 보여서 부르는 이름이며 당시 서양의 배들을 일본은 쿠로후네(黑船, 흑선)라고 불렸다. 시커멓게 생긴 게 연기까지 뿜어내니깐 무섭게 보이지 않았을까. 19세기에 접어들면서 무능한 막부(幕府, 무신 정권)와는 달리 에도(江戶, 동경)에서 멀리 떨어진 번(藩, 지방 영주들의 지배지)들은 막부(幕府) 몰래 서서히 힘을 키워갔고, 그러던 가운데 1853년 7월 8일 미국 페리 제독이 이끄는 흑선(黑船) 4척이 도쿄 에도만(灣) 어귀 우라가(浦賀)에 나타난다. 일본 역사상 대폭풍우를 맞이하는 순간이었다. 막부(幕府)는 260년간 국정에 관하여 허수아비인 덴노(天皇, 천황)와는 단 한 번도 상의한 일이 없었지만, 나라의 운명이 걸린 만큼 덴노(天皇)와 지방의 다이묘(大名, 영주)들에게 의견을 물어보지 않을 수 없었다. 그만큼 막부(幕府)가 허약했다는 증거이고, 중요한 역사적 사건이었던 것이다. 당시 고메이(孝明) 천황과 대부분의 다이묘(大名)들은 반대의 뜻을 분명히 표명하였지만, 막부(幕府)는 서양의 무력 앞에 개항을 하지 않을 수도 없었다. 막부(幕府)는 데지마(出島)에 있는 네덜란드인들을 통해 페리 제독이 내항할 것을 이미 알고 있었고, 에도(江戶)만이 서양 세력에게 봉쇄될 경우 인구 100만 명에 달하는 에도(江戶)에 식량 및 물품 등의 운송에 차질이 생겨 오래 견딜 수 없을 거라 생각하여 개항을 하였다고도 한다. 아무튼 260년간 서양 세력에 굳게 닫혀있던 문이 열린 순간이었다.

대륙에서 멀리 떨어져서 안전하다고 생각한 일본 열도가 증기선으로 인해 오히려 사방이 바다로 뚫려있어 외세 침입에 취약하게 된 것이다. 가미카제(神風)[06]의 도움으로 몽고 침입을 막았다고는 하지만 여몽(고려·몽고) 연합군의 수만 명의 침략에도 안전했던 일본이 미국군 천여 명이 타고 온 증기선 4척의 함포 사격에 항복을 하게 된 셈이다. 정보력과 우수한 첨단 무기가 얼마나 중요한가를 깨닫게 하는 사건이 아닌가. 마침 병약한 13대 쇼군 도쿠가와 이에사다(德川家定)가 등극하여 어려운 정국이 더욱 더 불안해져 갔다.

---

06 몽고 침입 시 불어온 태풍을 하늘이 도운 태풍이란 뜻으로 사용.

페리 제독이 조선으로 오지 않고 일본으로 간 이유는?

영국이 아편 전쟁으로 중국 대륙 진출의 발판을 마련해놓은 상황에서 프랑스, 독일 등 유럽의 각국들은 중국을 갈라 먹으려고 혈안이 되었고, 이때 미국도 더 늦으면 차지할게 없을 거라는 조바심으로 중국 진출을 꿈꾼다. 마침 서부 지역의 캘리포니아에서 금광이 발견되자 서부 개척의 붐까지 일어났다. 서부 지역으로 많은 사람들이 이주해오자 중국 진출을 추진하게 된다. 중국 진출에 필요한 석탄 및 물, 식량 등의 공급을 위한 전진 기지로써 일본이 필요했던 것이다. 또 한편으로는 당시 태평양의 포경업(고래잡이)이 폭발적으로 신장되어 그야말로 황금알을 낳는 사업이었고, 배를 띄우기 위해서는 연료 및 물, 식량 보급을 위한 중간 기착지 역시 필요했다. 그래서 한국보다 가까운 일본을 선택한 것이다.

막부는 일본에서 7백 년이나 지속되었다.

막부(幕府, 무신 정권)란 덴노(天皇, 천황)는 있으나 실권이 없고 실질적으로 권력을 잡은 정권으로 지금으로 치면 내각제랑 비슷하다고 할 수 있겠다. 일본에서 처음으로 막부(幕府)가 만들어진 건 1192년 미나모토 요리토모(源賴朝)에 의해서 세워진 '가마쿠라 막부(鎌倉幕府, 가나가와현 가마쿠라시)'이다. 그 후 아시카가 다카우지(足利 たかうち)에 의해 교토(京都)에서 '무로마치(室町) 막부'가 세워졌고(1338년), 무로마치(室町) 막부의 1인자 쇼군(將軍) 후계 문제로 1백 년간 전쟁이 이어지다가 오다 노부나가(織

田信長)에 의해 무로마치 막부가 막을 내린다(1573년). 그리고 1603년 도쿠가와 이에야스(德川家康)에 의해 세워진 '에도 막부(江戸幕府)'가 메이지 유신(1868년)이 일어나기까지 265년간 지속된다. 사무라이(侍)에 의한 막부(幕府) 정권이 1192년부터 약 7백 년간 유지된 것이다. 막부(幕府) 정권 내내 천황은 메이지 유신 이듬해 동경(東京)으로 옮겨가기 전까지 교토(京都)에만 머물렀다. 우리가 살펴볼 '에도 막부(江戸幕府)' 시대 때는 최고 권력자인 쇼군(將軍)은 에도(江戸, 동경)에서, 텐노(天皇)는 교토(京都)에 살았던 것이다. 이러한 막부(幕府, 무신 정권)은 우리나라로 치면 최충헌, 정중부 등에 의한 고려시대 무신 정권이 한일 합방 전까지 이어졌다고 생각하면 되지 않을까.

뎃포의 연속 사격이 전쟁의 양상을 바꾸다.

1543년 포르투갈 상인들이 전해준 뎃포(鉄砲, 철포, 조총)는 그때까지 다른 어떤 무기보다 살상력이 뛰어났지만 장전을 해서 쏘기까지 적지 않은 시간이 걸렸기 때문에 큰 문젯거리를 안고 있었다. 그러나 오다 노부나가(織田信長)가 군대를 3개조로 나누어 3열로 배치하여 한 개 조기 사격하는 동안 나머지 두 개조는 장전을 하게 하여 이를 연속해서 교대로 사격함으로써 적군의 3배나 되는 총탄을 퍼부을 수 있게 하였다. 이 전법으로 오다 노부나가군은 1575년 나가시노(長篠, 현 아이치현) 전투에서 당시 최강이라는 1만2천여 명의 다케다(武田) 기마대를 섬멸하였고, 임진왜란에서도 이 전법으로 개전 초기에 조명(朝明) 연합군에게 막심한 피해를 입혔다.

오다 노부나가(織田信長)의 마지막 말
"적은 혼노지에 있다."

일본 통일을 눈앞에 둔 오다 노부나가(織田信長)가 교토에 있는 혼노지(本能寺)란 절에 주둔 하고 있을 때 그의 주력 부대가 원정길에 오른 틈을 타 부하장수 아케치 미쓰히데(明知光秀)가 반란을 일으킨다. 오다 노부나가(織田信長)는 자기를 도우려온 부하들에게 적은 외부에서 침입한 게 아니라는 뜻으로 "테키와 혼노지니 아리"(敵は本能時にあり, 적은 혼노지에 있다)라는 말을 남기고 스스로 자결한다(1582년). 그래서 지금도 일본에서 이런 말은 적은 밖이 아닌 내부에 있다는 의미로 쓰이고 있다. 이런 뜻으로 중국 춘추 전국 시대 법가 사상가인 한비(韓非)가 쓴 한비자(韓非子)에서 군주를 위태롭게 하는 8가지 간사한 방책 중에 1, 2, 3번째를 차지하는 것이 바로 동상(같은 침대에 자는 처, 첩), 재방(근거리에서 보필하는 신하), 부형(왕의 친인척)으로 이 역시 가까운 거리에 있는 자들을 항상 조심하라는 말이다. 요즘도 사회적으로 문제가 되는 사건의 많은 부분이 내부 고발자에 의한 것이 아닌가.

주군(主君)인 오다 노부나가(織田信長)가 죽자 도요토미 히데요시(豊臣秀吉)는 즉시 출동하여 주군을 배신한 아케치 미즈히데(明知光秀)를 처단하고, 경쟁하던 세력을 차례차례로 굴복시킴으로써 오다 노부나가(織田信長)의 권력을 이어받는다. 당시 그에게 감히 대항할 자는 없었다. 당시 최고인 오사카성을 건축하며 권위를 과시하는 한편 잠재적 경쟁자인 도쿠가와 이에야스(德川家康)를 당시 갯벌 지역인 에도(江戶, 동경)로 이주시켜 무력하게 만든다. 마침내 1590년에는 일본 통일을 선포하고 2년 후엔 임진왜란을 일으킨다. 임진왜란은 일본에서는 분로쿠노에키(文綠の役, 문록의 역), 정유재란은 케이쵸우노에키(敬長の役, 경장의 역)라고 한다. 분로쿠와 케이쵸우는 연호이며, 에키는 싸움 또는 전쟁보다는 작은 뜻으로 분로쿠시기에 일어난 싸움, 케이쵸우시기에 일어난 싸움 정도로 해석할 수 있다. 그러면 중국측은 임진왜란을 항왜원조(坑倭援朝)라 하여 일본에 대항하여 조선을 구하여 주었다는 의미로 이렇게 부른다.

이렇게 한 사건을 서로 달리 부르니 삼국의 공통된 관점에서 객관적인 역사적 평가는 언제 이루어질지 모르겠다.

도요토미 히데요시(豊臣秀吉)는 일본 통일 후 계급 사회 정착부터 시행한다.

무로마치(室町) 막부의 1인자인 쇼군(將軍) 후계 문제로 1백 년 가까이 지속되어온 전국(戰國) 시대(전쟁만 하던 시대)가 막을 내리자(1590년) 도요토미 히데요시(豊臣秀吉)는 대대적인 국가 정비 작업을 시작한다. 우선 생산되는 모든 농작물이나 특산물을 쌀로 환산하는 '고쿠다카(石

高, 석고)[07]를 실시하여 다이묘(大名, 영주)들에게 이에 해당하는 군역(軍役, 군대 동원의 의무)을 부담하게 하고, 농민들에게는 고쿠다카(石高, 석고)에 해당하는 세금을 내게 한다. 돈처럼 쌀이 모든 물건의 기준치가 된 것이다. 그러한 다음 계급 사회를 유지하기 위하여 '가타나가리(刀がり, 칼사냥)'를 시행하여 농민들이 무기를 갖고 부시(武士, 무사)가 되는 길을 원천적으로 봉쇄하였고, 칼은 부시(武士)만 가질 수 있게 하여 지배 계급인 부시들만의 특권으로 삼았다. 사농공상(士農工商)[08]으로 신분을 나누었고, 나누어진 계급 사회에서 '히토바라이(人払い, 옆에 사람을 물리침)령'을 내려 서로 다른 계급 간으로 이동을 막았다. 농민은 나라 살림의 기반인 농업 생산에만 전념토록 하였으며, 식량을 생산하지 않는 상인을 가장 천한 계급으로 취급하였다.

　지금도 일본 사람들 중에 백 년 된 소바 가게(そば屋)를 대대로 잇고 있다고 자랑하는데 그 기원도 여기에 있다. 메이지 유신 전까지는 일본 사회에서 직업의 이동은 매우 어려웠다는 걸 알 수 있겠다. 그러나 실질적으로는 부시 계급을 제외한 농공상은 거의 대등한 위치였다고 한다. 그 아래에는 에타(穢多), 히닌(非人) 등의 천민이 있었다. 그중에서 히닌(아닐 비(非), 사람 인(人))은 말 그대로 사람이 아니라는 뜻으로 걸인이나 시체를 치우는 사람들을 가리켰다.

07　1고쿠다카(石高)는 성인이 1년 동안 먹는 쌀의 양으로 대략 150kg 정도이다.

08　사 = 부시, 농 = 농민, 공 = 제조업, 상 = 상인.

사무라이들에게는 칼로 베어도 되는 면책권이 있었다.

요즘은 다들 이름 앞에 성(性)을 다 가지고 있지만 조선 시대나 일본에서는 양반이나 사무라이 외에는 가질 수 없었다. 그게 뭐 대단하다고. 일본에서 사무라이들의 특권으로는 '묘우지(名字)'라 하여 성(性)을 사용할 수가 있었고, 우리나라 양반들이 도포에 갓을 쓰고 다닌 것처럼 일본의 사무라이(侍)들은 계급의 표시로 부시(武士, 무사) 복장에 다이토(帶刀, 허리에 칼을 참)를 하고 다녔다. 긴 칼 하나에 짧은 칼 하나 두 자루를 차고 다녔는데, 짧은 칼은 실내에서 적을 공격하기 위해서이기도 하지만 할복할 때 사용하기도 했다.

농민이나 쵸닌(町人, 상인)[09]들이 간혹 무례하게 굴면 베어 죽여도 죄를 묻지 않는다는 '기리스테 고멘(切り捨て御免, 베어버려도 면책)'이라는 면책권도 부여되어 있었다. 그렇지만 사무라이에게는 명예를 생명보다 중요시하는 부시도(武士道, 무사도)가 있어 함부로 사용하지는 않았다고 한다. 이런 상황에서 농민들이나 쵸닌(町人) 등이 함부로 칼 찬 사무라이들에게 대들 수 있을까요. 일본인들의 지나친 조심스러운 태도나 예의 바른 행동에는 이러한 역사적인 사실로도 알 수 있을 것이다.

---

09 쵸닌(町人)은 다이묘(大名, 영주)들이 사는 성 아래에 살면서 부시(武士, 무사)들의 생필품을 만들거나 파는 장인이나 상인을 지칭함.

할복(割腹)은 사무라이들에게만 허용되었다.

할복을 하기도 힘든데 아무나 할 수 없다니 무슨 말인가. 일반인이 할복을 하려고 해도 사무라이 외에는 칼을 소지할 수 없게 했으니 할 수가 없었을 것 같기도 하다. 할복(切腹)은 사무라이(侍, 무사)에게만 허용된 존엄한 형벌이었다. 체면을 잃어버렸을 경우 그것을 회복할 수단으로 또는 불상사가 생겼을 경우 그 책임을 지기 위해서 사무라이는 할복을 하였다고 한다.

그러면 왜 배를 가르는 것이냐면 배에 혼이 잠들어 있다고 생각하였기 때문이다. 배를 열어 보이는 것으로 자기 자신의 혼이 깨끗한가 아니면 더럽혀져 있는가를 상대에게 판단시키는 의미도 있었던 것이다. 그러나 할복은 단순히 배를 가르는 것이 아니라 상세한 작법(作法)이 정해져 있었고 쿄우레이시키(凶礼式, 흉례식)에는 자세한 작법이 소개되어 있다. 우선 할복을 하는 자는 몸을 깨끗이 씻고 머리카락을 통상보다 높게 묶고 가이샤쿠닌(介錯人, 할복을 도와주는 자)과 검시 역을 하는 자와 함께 잔을 나눈다. 가이샤쿠닌(介錯人, 할복을 도와주는 자)은 친족이나 친구가 맡았으며, 할복을 하는 자는 일정의 작법 - 열십자 또는 가로 일자로 배를 가르고 그 순간 목을 치는 자가 할복자의 목을 자른다. 이 때 할복자가 고통을 받지 않도록 머리와 몸통을 한 칼로 자를 수 있는 기량이 요구되었다. 그 때 앞으로 쓰러지고 마는 것을 무사의 수치로 여겼기 때문에 할복자는 양 소매를 무릎 아래로 펴 넣은 후에 배를 갈랐다. 게다가 무사의 신분에 따라 할복의 작법에는 다소의 차이가 있었다.

주군(主君)이나 아버지, 형의 복수(復讐)는 사무라이들만 직접 할 수 있었다.

요즘은 부모 형제가 아무리 잔인하게 살인 등을 당한다고 해도 법의 심판에 맡겨야 한다. 그렇지만 에도(江戶) 시대에서 사무라이들에게 특이한 복수(復讐) 시스템이 있어 소개한다. 가타키우치(敵討ち, 원수를 갚음)는 바쿠후(幕府, 막부)에서 공인된 복수(復讐) 수단이지만, 쵸닌(町人)이나 농민에게는 허용되지 않은 부시(武士)들에게만 허용된 특권이었다. 주군(主君)이나 아버지, 형과 같은 존속이 살해당한 경우 허용되었지만, 남동생, 여동생, 가신(家臣)이 살해당한 경우에게는 허용되지 않았다. 가타키우치(敵討ち, 원수를 갚음)를 신청하기에는 번잡한 절차가 필요했다. 우선 한(藩, 번, 영주의 지배지)의 허가를 얻지 않으면 안됐다. 한(藩, 번)으로부터 허가가 난 경우에는 바쿠후(幕府)에 신청을 하여 공의어첩(公儀御帳)에 가타키우치(敵討ち)를 하는 자라고 이름이 기재되면 이것으로 가타키우치(敵討ち)가 정당화된다. 이러한 절차를 다 밟지 않고 가타키우치(敵討ち)를 해버리면 살인의 죄로 문책당하지만 서류만이라도 있다면 비난은 피할 수 있었다. 그러나 가타키우치(敵討ち) 여정은 엄청난 고난을 동반하는 것으로 그것을 성취하기 전에 돌아오는 건 허용되지 않았고 20년 이상의 긴 세월에 걸쳐 가타키우치(敵討ち)를 이루어낸 형제도 있다고 한다. 복수를 하지 못하면 집에도 돌아올 수 없고, 상대방보다 검술이 약할 경우에는 죽을 수도 있으니, 준비하는데 시간이 많이 걸릴 것 같다.

4

페리 제독으로 인해
미국과 화친 조약(和親條約)을
맺는다.
(1854년)

1853년 7월 8일 페리 제독이 에도(江戶)만에 나타난 후, 1년 후에 다시 올 테니 그때까지 개항을 결정하라고 하면서 미국으로 떠난다. 이듬해가 되자 중국에서 태평천국(太平天國)[10]의 난이 일어나는 등 동아시아 정세가 급변하자 페리 제독은 예정보다 일찍 1854년 3월 말에 총 7척의 함대를 거느리고 일본에 다시 나타난다. 이번에는 일본을 더 세게 압박하여 시모다(下田, 시즈오카현), 하코다테(函館, 홋카이도) 2개 항구를 개항하고, 미국 선박에 대한 식량, 연료, 식수의 공급, 외교관의 시모다 주재 등 12개조로 이루어진 미일 화친 조약(美日和親條約)을 체결한다. 이 조약은 에도 막부(江戶幕府)가 쇄국을 풀고 맺은 최초의 국제 조약이다.

10　홍수전 등이 일으킨 농민의 난.

2백여 년간 굳게 닫혔던 일본의 문이 완전히 열리게 된 셈이다. 그러나 이 조약은 혼란을 몰고 온다. 서양에게 문을 연 에도 막부(江戶幕府)에 대해 불만이 쌓인 세력들은 덴노(天皇, 천황)를 중심으로 서양 세력을 몰아내자고 하는 '존황양이파(攘夷, 양이, 오랑캐를 몰아냄)파'로, 에도 막부(江戶幕府)를 지지하는 세력들은 쇼군(將軍) 중심으로 서양과 수교하자는 '개국(開國)파'로 서로 대립하게 된다.

작은 어촌 에도(江戶, 동경)를 대규모 도시로 건설하다.

일본 통일을 눈앞에 둔 도요토미 히데요시(豊臣秀吉)는 마지막 상대인 호조 가문의 오다와라(小田源, 가나자와현에 위치)성을 함락시킬 때 도쿠가와 이에야스(德川家康)의 도움을 받는다. 이렇게 일본 천하를 통일하게 된 도요토미 히데요시(豊臣秀吉)는 도쿠가와 이에야스(德川家康)에게 관동(關東, 동경을 중심으로 한 지역) 지방의 지배권을 인정하는 대신, 그의 영지인 아이치(愛知)현을 자기에게 넘기고 그를 에도(江戶, 동경)로 옮겨가도록 명령한다.

도요토미 히데요시(豊臣秀吉)가 이렇게 한 것은 도쿠가와 이에야스(德川家康)의 세력이 커지는 걸 원치 않았기 때문이다. 당시 늪지대가 많은 작은 어촌에 불과한 에도(江戶)로 도쿠가와 이에야스(德川家康)를 이주시켜 새로이 정착하는 데에 많은 시간적 소모와 경제적인 손실을 입힌다. 이렇게 도쿠가와 이에야스(德川家康)를 에도(江戶)에 묶어 놓고선 도요토미 히데요시(豊臣秀吉)는 1592년부터 7년간 조선을 침략하여 임진왜란과 정유재란을 일으킨다.

　에도(江戶)로 이주할 것을 명령받은 도쿠가와 이에야스(德川家康)는 6~7만에 이르는 가신(家臣)들과 그 가족을 이끌고 우선 방어에 좋고 단단한 땅을 찾아 에도(江戶)성을 쌓고, 그 주변에 가신들의 주거지를 개간한다. 그런 다음 인구를 늘이기 위해서는 쵸닌(町人, 상인)의 유입이 필수적이었지만 땅이 마땅치 않았다. 그래서 쵸닌(町人)들의 주거지로는 에도(江戶) 동편에 있는 늪지대인 에도 마에지마(江戶前島)를 선택하게 된다. 연약한 지반 문제는 그 지역 내부에 운하(運河)를 파서 유통을 편하게 하는 한편 운하로 늪지대의 수분이 빠져나가게 하여 땅을 굳게 하는 이중 효과로 극복해나간다.

　임진왜란이 끝난 후 세키가하라(関が原) 전투에서 승리하여 천하 패권을 잡은 도쿠가와 이에야스(德川家康)는 당시 전국의 중심지이자 인구나 도시 규모 면에서 에도(江戶)보다 훨씬 큰 오사카(大坂)에 막부(幕府)를 세우자는 가신(家臣)들의 의견을 물리치고 에도(江戶)에 막부(幕府)를 세우기로 한다(1603년). 그런 후 전국의 180명이나 되는 다이묘(大名, 영주)와 그들의 가신들을 에도(江戶)에 모으기 위해 땅이 부족한 에도(江戶)에 대규모 토목 공사를 실시한다. 전국 다이묘(大命)들에게 1고쿠다카(石高, 석고) 당 1인의 일손을 차출하게 하여 우선 에도성[11] 아래에 있는 히

11　에도성(江戶城), 도쿄 지요다(千代田)구에 위치. 메이지 유신 때에는 교토의 어

시부야 스크럼블 교차로

시부야 하치동상

비야이리에(日比谷入り江)라고 하는 바다를 매립하여 부지를 넓힌다. 그 크기는 도쿄돔의 50배 정도였다고 한다. 그때 해안가는 지금의 스크럼블 교차로 및 하치코(ハチコ, 충견 하치) 동상으로 유명한 시부야(渋谷)였다. 시부야(渋谷)라는 지명은 원래 시오야(塩谷, 소금 계곡)가 변하여 시부야(渋谷)가 되었다고 한다. 바다를 매립할 흙은 에도성 북쪽에 있는 간다야마(神田山)에서 가져와서 양쪽에서 땅을 확보하고, 매립된 땅은 다이묘코지(大名小路, 대명소로, 다이묘 번화가)라 하여 지방에서 참근교대(參勤交代)[12]로 올라온 다이묘들이 사는 부지로 이용했다. 이때 메꾸어진 땅이 지금의 시부야(渋谷), 히비야, 신바시, 하마마치이다.

에도(江戸)는 식수가 부족한 지역이라 이를 해결하기 위하여 에도 북쪽 20km가량 떨어진 이노카시라 이케[13](井の頭池, 이노카시라 공원 내에 있음)라는 연못에서 수로를 파서 에도(江戸)까지 연결하여 대규모 인구가 살 수 있게 하였다. 도쿠가와 이에야스(德川家康)의 집념이 일본 최대의 도시 아니 세계에서도 몇 번째 가는 도시를 만든 것이다. 이때 대규모 토목공사에서 다치거나 부상을 입은 사람들이 쉬거나 치료를 위해서 개발한 온천이 지금도 유명한 아타미(熱海, 열해, 시즈오카현에 위치) 온천이다.

소(御所, 황실)가 에도성으로 이전되어 지금까지 황실의 거처로 사용되고 있다.
12 지방의 다이묘들이 1년마다 에도(江戸)와 자기 영지에서 번갈아 사는 제도.
13 이노가시라공원(井の頭公園), 도쿄 무사시노시(市)에 있는 공원. JR 기치조지(吉祥寺)역, 지브리 미술관.

그 후 명력(明曆) 3년(1657년)에는 에도(江戶)에서 대화재가 발생하여, 에도성(江戶城)을 포함한 에도(江戶)의 60% 이상이 화재로 손실을 입었으며 인명도 10만 명 이상이 죽었다. 이때 에도 막부(江戶幕府)는 현재 화폐 가치로 1백억 엔 이상을 투입하여 대규모 도시 확장 및 정비를 하여 현재 도쿄랑 비슷한 형태를 갖춘다. 에도성(江戶城) 서쪽에는 아오야마(靑山), 아카사카(赤坂), 이치가야(市ヶ谷)가 새로이 에도에 편입되어 다이묘(大命)나 부시(武士, 무사)들이 이동해갔으며, 에도성 동쪽에는 스미다가와(隅田川)라는 강에 료우고쿠교(兩國橋)라는 다리를 건설하여 혼죠(本所), 후카가와(深川)를 쵸닌(町人, 상인) 주거지에 새로이 편입시키면서 도시를 점점 더 확장시켜 나갔다. 에도성 서쪽 다이묘(大命)나 부시(武士)가 사는 곳은 야마노테(山の手), 그리고 에도성 동쪽 쵸닌(町人)들이 사는 곳은 시타마치(下町)라 불렸으며, 지금도 자세히 보면 두 지역 차이를 느낄 수 있다. 도쿄에 가보면 도쿄를 환상으로 도는 지하철 야마노테(山の手)선이 있는데, 그 이름의 유래가 여기에 있다.

도쿠가와 이에야스(德川家康)의 집념으로 만든 수도 도쿄는 일본 전체로 볼 때 가운데에 위치하여 국토의 균형 발전에 도움이 되었고, 21세기 들어서는 미국의 부상으로 열린 태평양 시대에 오사카보다는 미국과 교류하기가 더 쉬운 지리적 이점도 있어 그의 탁월한 선택이라 할 수 있겠다. 그러나 지진에 약하다는 건 결정적 흠이라고 할 수 있지 않을까. 실제로도 1923년도 일어난 관동대지진으로 40만 명 이상이 죽거나 행방불명이 되었고, 무려 4000만 명 이상이 사는 수도권에서 만약에 요즘 많이 떠

도는 수도직하지신이 일어난다면 그 피해는 상상을 초월할 것이다.

현재의 도쿄을 통해 남아있는 에도시대의 흔적을 찾아봅시다

일본에서 가장 일본을 대표하는 한 도시를 말한다면 단연코 도쿄를 들 수 있을 것입니다. 지금까지 우리는 도쿄가 어떻게 만들어졌으며, 어떻게 커 왔는지 현재의 도쿄를 통해 다시 한번 에도시대의 생활상을 엿볼까 합니다. 그러기 위해서 먼저 에도성과 우에노와 아사쿠사 그리고 긴자, 신주쿠를 이야기하려 합니다.

에도성과 황거(천황이 사는곳)

260년 동안 에도성은 강력한 도쿠가와 쇼군 가문의 본거지로서, 일본 정치의 중심지이자 많은 관심의 대상이었다. 에도본성은 1863년에 화재로 소실되었는데 지금은 그 자리에 천황이 사는 궁전과 저택이 대신하고 있다. 남아 있는 에도성의 일부를 보려면 천황이 사는 황궁인 고쿄(皇居)에 들어가는 여러 문 중에 하나인 히가시쿄엔(東御苑)문을 이용하면 볼 수 있다.

에도성은 옛날에는 더 거대하여 도쿄역과 마루노우치(丸の内) 지역이 성내에 있었으며, 그 외성은 16km나 되었다고 한다. 과거에 에도를 지키기 위해 세워진 인공섬인 오다이바(お台場)도 에도성 방어체제에 있었다. 다이바(台場)라는 뜻은 포대를 둔 자리라는 뜻으로 에도막부가 수도방위를 위해 대포를 둔 자리 자리였다. 이곳은 지금 후지TV, 오에도 온천, 일본과학미래관 등이 있다.

그리고 오다이바 해변에서 필자는 수상버스를 타면서 마치 도쿄역사를 거슬러 올라가는것 같은 감상에 잠겼었다.
수상버스는 키가 낮은 오래된 다리도 지나야 하기에 배에 높이가 지나치게 낮은게 그 특징이다. 이배는 도쿄 동측의 북쪽에서 시작하여 도쿄만으로 들어가는 스미다 강을 거슬러 올라가 강 중류쯤에 위치한 아사쿠사에 도착한다. 아사쿠사하면 바로 센소지를 떠올릴수 있다.

수상버스를 타고 가면서 만나게 되는 료우고쿠다리(両国橋)는 명력 3년(1657)에 일어난 도쿄 대화재 이후 복원하는 과정에서 건설되었다.

그 다리로 인해 에도성 동쪽으로 수도가 더 확장된다. 그래서 이곳은 쵸닌(상인)들이 많이 몰려와서 살기 되었고, 그 당시 서민들에게 최고의 인기가 있는 스모가 열리는 스모경기장이 들어섰고 이후에 국기관으로 이름이 바뀌에 됩니다. 이것은 경제적으로 부유하게진 쵸닌들에게 볼거리를 제공하게 된다.

그리고 당시 경제적으로 부유해진 쵸닌(상인)과 서민층에서 가부키,

스모, 우키요에(浮世繪)가 유행하였다. 우키요에는 칼라풀한 목판화이다. 여기에 주제의 단골로 등장하는 후지산, 일본의 자연, 가부키(歌舞伎)와 더불어 료우고쿠다리는 좋은 소재가 되었다. 우키요에는 과거나 미래가 아닌 현재의 모습을 그렸고 대중들의 생활을 담았다. 우기요에는 화려하고 풍부한 색감으로 인해 많은 화가들에게 영향을 주었다고 한다.

그 예로 네딜란드에 일본도자기가 수출되면서 도자기를 쌌던 종이에 그려져 있던 그림을 반고호가 보고 영감을 받았다고 한다. 이부분은 나를 흥미나게 만들었으며 새로운 문화가 어떻게 재탄생 되어지는지를 알게 되어서 참으로 신기하기도 했다.

우에노(上野)

나리타공항에서 도쿄도심으로 들어갈 경우 가장 먼저 만나게 되는 곳이 우에노이다. 우에노는 우에노 공원으로 유명한데 바로 이곳은 메이지 유신 당시 유신3걸중 한 사람으로 불리우는 사이고 다카모리의 동상이 있어서 우리에게는 달갑지 않은 동네이지만 왜 그의 동상이 그곳에 있으며, 일본에서 추앙 받는 그의 모습을 다시 보기 위해 그곳에 가보았다.

사이고 다카모리는 사쯔마번에 하급무사의 장남으로 태어나 공부하는 사무라이로도 알려져 있습니다. 그는 나중에 메이지유신의 주축으로 또 다른 유신 3걸 중 한 사람으로 불리우는 오쿠보 토시미치와 같은 고향 출신으로 어릴 적 함께 자랐습니다.

메이지유신까지 서로 함께하였으나 이들 둘 사이 운명은 기구하여, 메이지 유신 후 곧바로 내치(內治)에 힘쓰자는 오쿠보 토시미치와 메이지 유신후 바로 해외로 눈길을 돌리자고 주장한 사이고 다카모리는 의견차를 보여 낙향을 하게 된다.
그 해외가 바로 조선인 것이다. 그래서 그의 주장은 정한론으로 받아들여 우리에게는 달갑지 않은 인물이다.

그 후 그는 그를 따르는 중,하급무사를 들을 이끌고 당시 메이지정부군에 대항하여 싸운던 중 패색이 짙자 스스로 자결로써 생을 마감한다. 바로 이때 정부군 책임자로서 진압 명령을 내린 사람이 바로 오쿠보 토시미치 였던 것이었다. 그 후 그도 이듬해에 사이고 다카모리를 추종하는 자격들에 의해서 출근 도중 노상에서 처참하게 죽임을 당한다.

그가 죽을 때 죄명은 조적(朝敵, 정부의 반란죄)이라 하였으나 그후 그가 메이지유신을 일으킨 건 당시 나라를 위한 우국충정하나였던 것이 인정이 되면서 사면이 되었고 당시 시타마치(노동자하층계급이 사는곳)의 중심이었던 우에노공원에서 1898년 그의 동상이 세워지게 된다. 동상을 보면서 지금 현대에서 일고 있는 인천 월미도에 있는 맥아더 장군 동상 철거 문제를 다시 생각해 보게 된다.

센소지(浅草寺)

　센소지는 도쿄에서 가장 오래된 사찰이다. 628년에 지금의 스미다강에서 고기를 잡던 어부형제가 그물에 걸린 불상을 이곳 법당에 모시면서 시작되었다. 필자가 일본을 방문할 때 마다 오는 곳인데 가장 일본적인 색채를 느낄수 있기 때문이다. 일본인들은 각종 많은 신들을 숭배하는데 여기에 신들과 함께 공존하는 일본인들의 생활상을 길가로 즐비한 전통공예품과 각종먹거리를 통해 엿볼수 있어서 재미있다.

　그중에서 가장 기억에 남는 것은 센소지 정문에 있는 카미나리문(雷門, 천둥번개문)으로 지나갈 때 마치 죄를 지은 사람들에게는 천둥번개가 칠 것같은 느낌을 받았다. 에도시대 정서를 느낄 수 있는 기념품과 음식을 맛볼 수 있는 나카미세도리를 지나는 것은 센소지 여행의 또 다른 재미 였다.

　1927년 도쿄에서 최초로 지하철이 생긴 곳이 센소지와 우에노는 잇는 긴자선이다. 5년 후에 100년을 맞이한다니 감회가 새로웠고 지난날 일본의 고도성장기의 빨랐던 첨단기술을 다시 떠올리게 되면서 일본 밥통을 사기 위해 줄을 섰던 우리의 옛 시절이 생각났고 지금은 우리의 기술력이 더 앞서 가는 것을 보면 시대의 흐름을 타지 않으면 언제든지 뒤 떨어질수 있다는 생각이 떠올랐다.

아사쿠사, 센소지

긴자(銀座)

도쿄 최고의 번화가이자 일본에서 가장 땅값이 비싸기로 소문난 동네로 원래 긴자는 도쿄만의 일부인 곳이었는데, 에도시대 이곳을 흙으로 매립하였다. 그 후 이곳에 은화제조소가 생겨났고 은화를 만드는 거리라는 뜻으로 긴자라는 이름이 지어졌다.

일본은 메이지 30년(1897년)부터 금본위 체제를 갖추었고 더이상 은화는 만들 필요가 없어졌다. 하지만 긴자는 새로운 체제에 맞춰 명품과 고급 의류를 파는 소매업으로 새롭게 탈바꿈 하였다.

오늘날의 긴자가 있기까지 과연 무엇이 가장 큰 역할을 하였는가 하면 1869년과 1872년에 일어난 대규모의 화재였다. 특히 1872년에 일어난 화재로 인해서는 긴자일대가 모두 소실될 정도의 큰 화재였다. 그래서 도쿄도의 지사는 도쿄를 화재가 잘 나지 않는 도시로 만들기 위해 거리를 벽돌로 1877년에 걸쳐 전부 완료시킨다. 이때 가로수 및 가스등 등도 만들어져 마치 유럽의 도시에 온 듯한 느낌을 만든다.

그 후 이곳 긴자가 성공할 수 있었던 것은 첫째로 실용품의 소매 판매와 당시 교바시구라하는 변두리에 위치해서 가격경쟁에 앞선점을 둘수 있다. 이때 주 고객층은 야마노테(아카사가,아오야마, 이치가야)지역에 사는 화족이나 상류계급 및 당시 중산층과 화이트 칼러 사람들이었다.

긴자 가부키자

도쿄역

지금의 에도를 만든 것도 1657년 에도성의 60% 이상이 화재로 손실을 입었고, 인명도 10만 명 이상이 죽었던 명력(明歷) 3년 대화재 이후 그것을 처리하는 과정에서 오히려 도시가 점 점 더 커졌던 것이 참으로 아이러니한 결과라 할 수 있다.

또 여기서는 1889년 건립된 가부키전문 공연장인 가부키자가 있다. 가부키란 17세기부터 시작된 일본의 전통 연극으로 노래, 춤, 연기가 기미된 인기 뮤지컬이나 드라마쯤 된다.

이곳에서는 가부키를 알리는 의미에서 맛보기로 1막만 관람할 수 있는 좌석도 판매하고 있다. 신주쿠에 있는 가부키쵸우와는 헷갈려서는 절대 곤란하다 가부키자가 있는 곳은 전통 가부키극을 공연하는 곳이고 가부키쵸는 유흥, 환락가이기 때문이다.

신쥬쿠(新宿)

에도시대 지방에서 수도 에도로 가기 위해선 5개의 오가도(五掛道) 중 하나를 이용하였는데, 그중 하나인 현 야마나시현과 이어주는 갑주도중(甲洲道中)의 역참인 나이토우 신주쿠가 지금의 신주쿠로 변하였다.

과거의 역참이란 곳은 주변 농촌 지역의 시장과 같은 역할도 하였고, 여인숙이나 찻집, 주막, 약국들이 있었고, 여인숙에는 손님을 유치하기 위해서 메시모리온나(飯盛女)라는 밥을 담는 여자라고 하여 명목상은 식사를 도와주는 여자라고 하지만 실제로는 유녀(遊女), 창부를 두고 장

신쥬쿠

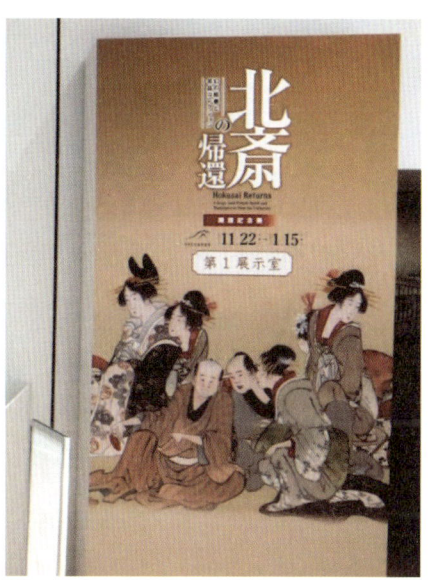
우키요에(목판화)

우에노공원, 사이고 다카모리동상

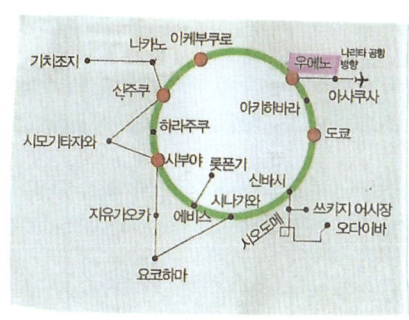
전철JR 야마노테선

사를 하였던 것이다.

그런데 이런 것이 암만리에 행하여 졌던 것이아니라, 우케조(請状)라 하여 메시온나를 고용할 때 서로 교환하는 중요한 계약서로써 이름, 고용기간, 급료, 이유, 계약조건 등을 기재하였다.
에도막부가 이러한 사소한 것까지 개입하였다니 이들의 디테일한 면에 다시 한번 놀랐다.

본인이 원하지도 않게 집안 사정으로 팔려온 여인도 많았것 같고, 이러한 여인이야말로 참으로 기구한 여인의 삶이라 하지 않을 수 없다. 그렇지만 이곳은 술도 마시고, 맛있는 음식도 먹고, 잠도 자고 마치 요즘의 환락가처럼 사람들로 넘쳐 났을 것이다. 이러한 과거를 알고 신쥬쿠를 바라보니 도쿄의 밤문화를 대표하는 환락가인 가부키쵸(歌舞伎町)를 이해할 수 있을 것 같아 불안했지만 설레이는 마음으로 밤 가부키쵸에 혼자서 대담하게 가 보기로 하였다.

그래서 혼자서 간 가부키쵸의 밤은 화려한 불빛, 현란한 네온사인, 아슬아슬한 여자사신 간판 어느것 하나 나를 실망시키 잃았다. 그렇지만 호객이 너무나도 많아 무조건 들어가면 바가지를 쓰겠다는 생각이 들어서 함부로 그들을 따라 갈수도 없었고, 일본어 조금 한다고 함부로 들어가기가 갔다가는 낭패 보기 십상이었다.

게다가 거리에서는 호객을 조심하라는 방송도 흘러나오고 해서 긴장하지 않을 수 없는 분위기였다. 조금 가다가 보니 이런 것이 쓰여진 업소도 있었다. "외국인 출입금지"란 것을 버젓이 걸어놓은 곳도 있어 많은 의구심이 들었지만 그걸로 평계삼아 가부키초는 밖에서 겉만 살펴보는 것으로 끝을 맺었다.

쇼군은 다이묘를 3등급으로 나누었다

세키가하라(関が原) 전투에서 승리하여 천하 패권을 잡은 도쿠가와 이에야스(德川家康)는 1603년 그가 다이묘(大名, 영주)로 있던 에도(江戸, 동경)에 에도 막부(江戸幕府)를 세우고 1대 쇼군(將軍)이 된다. 그러고 나서 제일 먼저 전국 다이묘(大名)들을 새롭게 임명한다. 즉 논공행상(論功行賞, 공에 따라 알맞은 상을 내림)을 한 것이다. 도쿠가와 이에야스는 다이묘들을 세 등급으로 나누어 철저히 차별 대우를 한다. 쇼군(將軍)이 사는 에도(江戸, 동경)에서 가장 가까운 곳 및 오사카, 교토, 나가사키 등 막부 직할지에는 쇼군(將軍)의 가까운 친인척들을 다이묘로 임명하는데 이러한 다이묘를 '신판(親藩, 친번)[14] 다이묘'라 한다. 그 다음으로는 세키가하라(関が原) 전투 전부터 도쿠가와 이에야스에게 충성하던 부하들을 에도(江戸)에서 조금 떨어진 외곽에 배치하여 막부를 보호하게

---

14 쇼군과 친한 번(藩)이나 친척 번(藩).

한 다이묘를 '후다이(譜代, 보태)¹⁵ 다이묘'라 한다. 마지막으로 세키가하라 전투 이후에 도쿠가와 이에야스에게 충성을 서약한 다이묘들은 에도(江戶)에서 가장 멀리 떨어진 동북 지방이나 남쪽의 규슈(九州), 주고쿠(中國), 시코쿠(四國) 등으로 배치한다. 이렇게 한건 이들이 반란을 일으킬 경우 에도(江戶, 동경)를 보호하기 위해서였다. 이러한 다이묘를 '도자마(外樣, 외양)¹⁶ 다이묘'라 한다.

도쿠가와 이에야스(德川家康)는 전국의 행정 단위를 한(藩, 번)으로 나누고, 그 최고 통치자를 한슈(藩主, 번주)라 불렀는데 이들이 바로 다이묘(大名)이다. 지금으로 치면 현(縣)이고 지사(知事)에 해당한다.

도자마(外樣, 외양)다이묘들이 위치한 지역은 에도(江戶)에서 멀리 떨어진 일본 남부 규슈 지역이나 동북 지방으로 중앙 정치에 밀려난 지역이었다. 그러나 세월은 흘러 에도 막부(江戶幕府)의 세력은 약해지고, 서양 문물은 동인도 회사 등을 통하여 도자마(外樣, 외양)다이묘들이 위치한 일본 남부 규슈 지역으로 들어오게 된다. 이들은 에도 막부(江戶幕府) 모르게 서구 세력과 무역으로 부를 축적하며 군사력을 키워 가고 훗날 메이지 유신의 주역으로서 지난 2백여 년간 국내 정치에서 소외되었던 서러움을 앙갚음하게 된다. 참으로 인생사 세옹지마(世翁之馬)라는 걸 느끼게 한다. 도자마다이묘 중에서 특히 일본의 서남쪽에 위치

---

15 계보 보(譜, 족보라 할 때 보), 대대로 족보에 올라간 다이묘란 뜻.
16 외양(外樣, 겉모습)만 다이묘란 뜻.

한 사쓰마한(薩摩藩), 죠슈한(長洲藩), 히젠한(肥前藩), 도사한(土佐藩)[17] 등을 유우한(雄藩, 웅번, 힘센 번)이라 부르는데, 이들이 후일 막부 체제에 대항하며 메이지 유신을 이끄는 주도 세력이 된다.

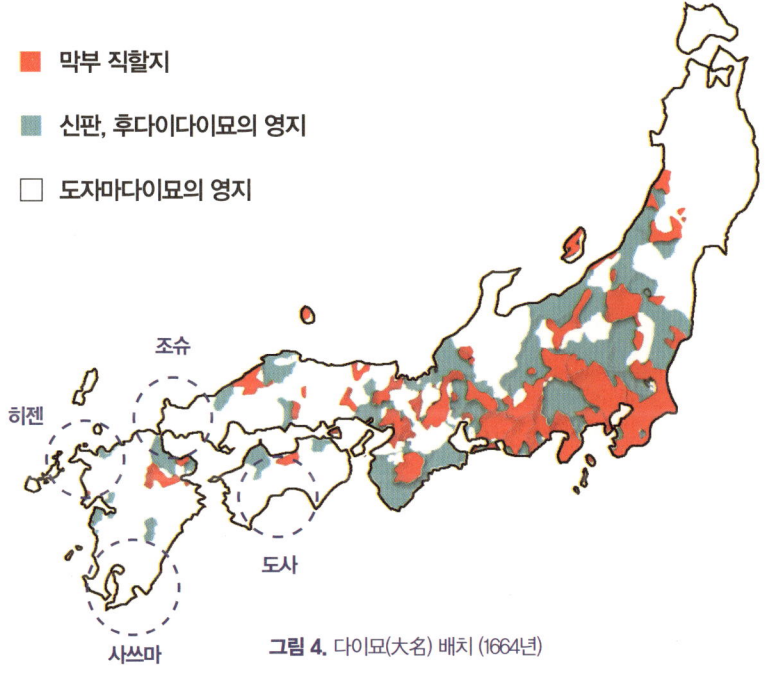

그림 4. 다이묘(大名) 배치 (1664년)

---

17 사쓰마 = 가고시마현, 죠슈 = 야마구치현, 히젠 = 나가사키현, 사가현 일부, 도사 = 고치현.

다이묘들의 가족을 에도에 볼모로 잡아두다.

쇼군(將軍)은 에도(江戶, 동경)에 살면서 일본의 1/4 지역만 직접 다스리고 나머지 지역은 다이묘(大名, 영주)를 통해 간접 지배한다. 이러한 지배 체제를 봉건제라고 한다. 이러한 상황에서 쇼군은 직접 지배하지 않는 3/4 지역의 다이묘들의 반란에 신경을 쓰지 않을 수 없었다. 2대 쇼군 도쿠가와 히데타다(德川秀忠)는 1615년 다이묘(大名)들의 권력을 제한하기 위해서 쇼군의 허락 없이는 다이묘(大名)들끼리의 혼인을 엄금하였는데 이를 '부케쇼[18] 핫토(武家諸法度)'라 한다. 다이묘들끼리 결혼 동맹을 맺는 걸 원천적으로 봉쇄하기 위해서이다.

다이묘(大名)가 지배하고 있는 한(藩, 번)에 한 개의 성(城)만 지을 수 있게 하였고, 증, 개축 역시 쇼군의 허락 하에서만 가능하도록 하였다. 함부로 군사력을 증강시키지 못하게 하기 위함이었다. 그리고 다이묘(大名)들끼리 연합하지 못하도록 일정 규모 이상의 선박 건조까지도 금지시켰다. 그래도 불안한 쇼군은 보다 완벽하게 다이묘(大名)들을 견제하기 위해서 1635년 3대 쇼군 도쿠가와 이에미쓰(德川家光) 때부터는 '산킨코타이(參勤交代, 참근교대)'라 하여 다이묘 가족들은 에도(江戶)에서 살게 하고 다이묘 자신은 1년은 영지에서, 1년은 에도(江戶)에 강제로 살도록 한다. 전국의 다이묘들이 1년마다 한 번씩 영지와 에도(江戶)를 번갈아 오가

---

18 부케(武家, 무사), 쇼(諸, 제, 여러).

며 살아야 하는 불편과 고통 및 경제적 손실을 겪게 하였다. 다이묘들에게 경제적 손실을 입히고 가족들을 볼모로 잡아두어 막부에게 저항하지 못하게 함이었다. 그러나 이로 인해 상업이 발달하고 에도(江戸)로 향하는 도로의 발달 등 긍정적 측면도 많았다. 에도(江戸)에는 전국에서 모인 260여 명의 다이묘(大命)와 그의 가족, 다이묘를 수행하여온 사무라이들로 넘쳐 났으며, 이들은 하는 일 없이 완전 소비만 하는 에도(江戸)의 큰 손들이었다. 이러니 다이묘들의 영지는 경제적으로 어려워져도 에도(江戸)의 경기는 호황을 누리고 사람들은 자꾸자꾸 에도(江戸)로 모여든다.

지방에 있는 다이묘(大命)들은 자기들 아래에 있는 부시(武士, 무사)들이 농촌에 살 경우 농민들을 무장시켜 반란을 일으킬 수 있기 때문에 그것을 원천적으로 막기 위해 다이묘가 살고 있는 성(城) 아래에서만 살게 하였다. 즉 부시 계급은 도시에서만, 농민들은 농촌에서만 살게 한 것이다. 에도(江戸)에 있는 쇼군(將軍)은 지방의 다이묘 아래에 있는 부시(武士)들의 숫자도 고쿠타카(石高, 석고)에 따라 정해놓고, 함부로 부시(武士)를 늘이지 못하게 감시하였다.

모든 도로와 뱃길은 에도로 통한다.

1) 오가도(五街道) : 지방에서 에도(江戶)로 향한 주(主)도로로써 참근교대를 위해 만들어졌으며, 에도(江戶)의 니혼바시(日本橋)[19]를 기점으로 각계각층의 사람들과 물자가 왕래하였다.

① 닛코우 토츄우(日光道中, 일광도중) - 도치기현과 연결. 21개 역참. 닛코우(日光,일광)에는 도쿠가와 이에야스의 유해가 묻힘, 참배길
② 오슈우 토츄우(奧州道中, 오주도중) - 후쿠시마현과 연결. 27개 역참. 오슈(奧洲, 동북), 홋카이도와 연결, 시라가와(白河) 검문소
③ 코우슈우 토츄우(甲州道中, 갑주도중) - 야마나시현과 연결. 44개 역참. 에도성이 함락되거나 할 경우 도쿠가와 가문이 번주로 있는 갑주로 피난
④ 나카센 도우(中山道, 중산도) - 혼슈 중앙을 통과해 교토와 연결. 69개 역참.[20]
⑤ 토우카이 도우(東海道, 동해도) - 가장 많이 다니는 길, 에도에서 교토 500㎞, 53개 역참. **그림 5. 참조**

---

19 니혼바시(日本橋), 도쿄 주오구(中央)구 북부의 니혼바시천(日本橋川)에 건설된 다리. 전국 오가도(五街道)의 시작점, 긴자와 도쿄역 근처.
20 츠마고(妻籠, つまご) 宿(숙), 나카센도우(中山道, 중산도) 69번째 역참 가운데 42번째 역참으로 에도 시대 마을이 지금까지 보존되어 많은 관광객이 모인다.

① 닛코우 토츄우(日光道中, 일광도중)

② 오슈우 토츄우(奧州道中, 오주도중)

③ 코우슈우 토츄우(甲州道中, 갑주도중)

④ 나카센 도우(中山道, 중산도)

⑤ 토우카이 도우(東海道, 동해도)

그림 5. 오가도(五街道) – 江戸(에도, 동경)에 이르는 주(主)도로

2) **와키가도(脇街道)** : 지방에서 에도(江戶)로 향한 부(副)도로.

    Ⓐ 미토가도(水戶街道)

    Ⓑ 북국가도(北國街道)

    Ⓒ 북국로(北國路)

    Ⓓ 이세가도(伊勢街道)

    Ⓔ 산음도(山陰道)

    Ⓕ 중국가도(中國街賭)

    Ⓖ 나가사키가도(長崎街道)

3) **에도(江戶)에 이르는 주요 해운망(海運網)** : 에도 막부는 오가도(五街道)의 정비와 함께 일시에 많은 물자를 운반하기 위해 전국 각지의 도시와 에도(江戶)를 카이센(廻船)으로 연결하는 해운망을 만든다. 에도(江戶)만에 도착한 물자들은 스미다가와(隅田川) 하구에 산적한 다음 수로를 통해 전(全) 에도(江戶)로 옮긴다.

    Ⓐ 미나미카이로(南航路, 남항로) : 효고(兵庫, 오사카 옆)현의 나다(灘)에서 양조된 술은 이 항로로 다루카이센(遵廻船, 준회선)으로 에도(江戶)로 운반되었고, 다른 물지는 히기키센(ひがき船)으로 운반되었다.

    Ⓑ 히가시마와리항로(東廻り航路, 동회항로) : 동북 일본해에서부터 츠가루해협[21]을 돌아 태평양을 걸쳐 에도(江戶)로 들어가는 항

---

21 혼슈와 홋카이도 사이의 해협.

- Ⓐ 미나미카이로(南航路, 남항로) - 오사카에서 도쿄
- Ⓑ 히가시마와리항로(東廻リ航路, 동회항로) - 니가타, 아키타에서 도쿄
- Ⓒ 니시마와리항로(西廻リ航路, 서회항로) - 니가타, 아키타에서 오사카

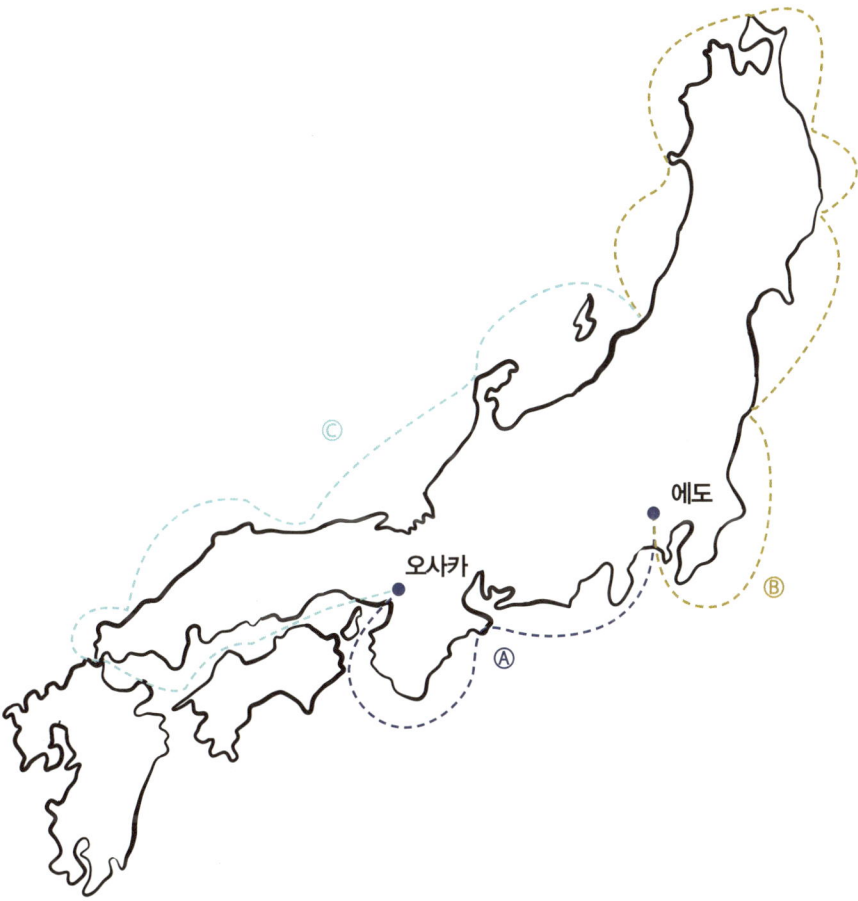

그림 6. 江戸(에도, 동경)에 이르는 주요 해운망

로. 상인 가와무라 즈이켄(河村ずいけん)이 연 항로이다.

ⓒ 니시마와리항로(西廻り航路, 서회항로) : 동북 일본해에서 시모노세키(下関)를 돌아 세토나이카이(瀬戸内海)[22]를 통해 오사카(大阪)에 들어가는 항로. 상인 가와무라 즈이켄(河村ずいけん)이 연 항로이다. 그림 6. 참조

☞ 정기적으로 다니는 카이센(廻船, 회선)으로 오사카(大坂)에서 에도(江戸)에 운반된 물자는 작은 배로 옮겨져 전(全) 에도(江戸)로 운반되었다. 오사카는 천하의 부엌(天下の台所)으로 불릴 만큼 전국의 쌀이나 모든 물자가 모이는 장소였다.

에도(江戸, 동경) 내의 4개의 역참(숙박지)에서는 무슨 일이 있었나.

에도(江戸, 동경)에서 지방으로 가기 위해서는 오가도(五街道)가 시작하는 니혼바시(日本橋)에 출발을 하여 약 8km를 가다가 보면 에도 시슈쿠(江戸四宿, 에도사숙)이라고 하는 역참이 나타난다. 지방에서 에도(江戸)로 오거나, 에도(江戸)에서 지방으로 가는 사람들로 항상 붐빈다. 이곳은 주변 농촌 지역의 시장과 같은 역할도 하였다. 오가도(五街道) 중에서 오주도중(奥州道中)에는 센쥬 슈쿠(千住宿, 천주숙), 중산도(中山道)

---

22 일본 혼슈 서부와 규슈, 시코쿠에 에워싸인 내해.

에는 이타바시 슈쿠(板橋宿, 판교숙), 갑주도중(甲州道中)에는 나이토우 신쥬쿠(內藤新宿, 내등신숙), 동해도(東海道)에는 시나가와 쥬쿠(品川宿, 품천숙)이라는 시슈쿠(四宿, 사숙)이라고 하는 4개의 큰 역참(숙박지)이 있었다. 일본 최대 환락가 가부키쵸(歌舞伎町)로 유명한 신쥬쿠(新宿)도 이때부터 있었다. 이들 역참에는 여인숙이나 찻집, 주막, 약국들이 있었고 여인숙에서는 손님을 유치하기 위해서 메시모리온나(飯盛女, 밥을 담는 여자)라고 하여 명목상은 식사를 도와주는 여자라고 하지만 실제로는 유녀(遊女, 창부)를 두고 장사를 하였다. 텐포(天保) 년간(1830~1844년)에 시나가와쥬쿠(品川宿)에는 1천5백 명 이상의 메시모리온나(飯盛女)가 있었다고 한다. 이들의 숫자만 보아도 당시 에도(江戶)에 얼마나 많은 사람들이 왕래했는가를 알 수 있겠다.

오가도(五街道) 중에서 가장 통행량이 많은 도로는 동해도(東海道)였는데, 에도(江戶)에서 교토(京都)까지 502㎞ 거리에 역참이 53개나 있었다. 10km당 하나가 있었던 셈이다. 이곳이 나중에 일본의 중소도시로 발전하게 된다. 산킨코타이(參勤交代, 참근교대)가 다이묘나 사무라이 그리고 상인 등이 왕래하였는데 많을 때는 역참 당 하루에 3천 명 정도가 왕래하였다고 한다. 중산도(中山道)는 험한 산악 지형이 많아 동해도(東海道)의 샛길 정도로 이용되었는데 특히 통행량이 적어 교토의 황족과 에도의 쇼군가의 혼례식 때 시집가는 길이기도 하였다. 실제로 독일인 의사로서 나가사키의 데지마(出島)에 와있던 엥겔베르트 캠퍼 박사가 쓴 『일본지』(The History of Japan, 1727.)에는 그가 나가사키에서 에도(江戶, 동경)에 있는 쇼군(將軍)을 만나러 동해도(東海道)로 가는 도중 역참에서 본 얘기도 있다.

에도(江戶)를 중심으로 전국으로 도로를 정비한 막부는 세키죠(關所)라고 하는 관문(검문소)을 설치하여 에도의 방위 및 치안 유지에 힘을 쏟다. 이런 곳은 전국에 50개소 정도 있었는데 그중에서도 동해도(東海道)에 설치된 하코네 세키죠(箱根關所, 하코네 온천으로 유명)가 최대 규모를 자랑한다. 세키죠(관문)를 통과할 때 모든 사람들은 통행증을 의무적으로 지니고 있어야 했다. 지니지 않거나 샛길로 가다가 발각된 경우 심지어 사형에 처하는 등 큰 벌을 받았다. 5가도(五街道)를 통해 통행량도 증가했지만 그만큼 규제도 심했던 것이다. 게이닌(藝人, 예능인)과 스모 선수들은 그들의 재능을 보여주거나 겉모습만으로도 통행증 없이 통과할 수 있었다.

쇼군 호위 무사 — 하타모토(旗本), 고케닌(ご家人)

쇼군(將軍)이 사는 에도(江戶)와 그 주위는 직접 지배하고, 지방은 다이묘(大名, 영주)들로 간접 지배하는 이러한 에도 시대의 통치 제를 막번(幕藩) 체계라 부른다. 막번(幕藩)이란 쇼군의 통치 기구인 막부(幕府)와 다이묘의 영지인 번(藩)을 합쳐 부르는 말이다. 번(藩)은 막부 초기에는 183개였으나 말기에는 266개에 달하였다.

막부(幕府)는 전국의 쌀 생산량의 1/4을 생산할 수 있는 토지를 소유하

고 오사카, 교토, 나가사키 등 중요 상공업 도시와 광산은 직접 다스렸다. '다이묘(大名)'는 쇼군(將軍)으로부터 1만 석 이상이 나오는 영지를 받은 자를 말하며 신판다이묘, 후다이다이묘, 도자마다이묘 3종류가 있다. 다이묘는 전시(戰時)에 고쿠다카(石高)에 따라 군역이 부과되었으며, 경제적으로는 독립적이어서 쇼군에게 세금 등을 내지는 않았다. 그리고 자식에게 세습을 할 수 있었고, 자기 영지 내에서는 입법, 사법, 행정 등의 막강한 권한을 가졌지만 쇼군을 배반할 경우 막부 군 및 여러 다이묘들의 공격을 받아 없어질 수 있어서 쇼군에게 충성을 다하는 수밖에 없었다. 막부 군사력의 중심은 쇼군 직속의 가신인 하타모토(旗本), 고케닌(ご家人)이며 그 수는 대략 5~6만 명 정도였다. '하타모토(旗本)'는 쇼군을 만날 수 있는 1만 석 미만 1백 석 이상의 영지를 받은 무사들로 실제로는 5백 석 미만이 2/3를 차지하였고, '고케닌(ご家人)'은 1백 석 미만의 녹봉을 쇼군으로부터 직접 받은 무사들로서 절반가량이 50석 미만으로 경제적으로 어려움을 겪는다.

산킨코타이로 성(性) 산업이 발달하게 되다.

산킨코다이(參勤交代, 참근교대)는 원래는 각 번의 다이묘들이 쇼군(將軍)에게 충성을 보여주기 위해 1년마다 에도(江戶, 동경)와 자기 영지에서 번갈아 사는 제도를 말하는데 3대 쇼군 도쿠가와 이에미츠(德川家光) 12년(1635년)부터는 제도화되었다. 기본적으로 매년 4월이 교환 시기여서 전년도 가을경부터 참근(參勤) 루트의 선정 및 여정 중의 숙박

장소 확보, 수행 인원 선발 등을 행하였다. 참근(參勤) 행렬에 동반하는 인원은 고쿠다카(石高)에 따라 정해져서 큰 번(藩)인 경우 그 규모는 굉장하였다. 행렬에는 번(藩)의 위엄을 세상에 자랑하는 퍼포먼스적인 측면도 있었기 때문에 다른 번(藩)에 지지 않기 위해 인원수도 늘이거나 화려한 복장을 차리기도 하였다. 자료에 따르면 가가한(加賀藩, 현 도야마현과 이시카와현 일대)의 다이묘 행렬에는 4천 명의 인력이나 동원되었다 하며 한 번의 행렬에 지금의 화폐 가치로 4억 엔 이상을 썼다고 한다. 이렇기 때문에 각 번(藩)들은 행렬의 비용을 절약하기 위해 고심하였고, 그래서 사람들의 왕래가 많은 장소에서는 천천히 걸어가면서 위엄을 보이다가도 인적이 없는 곳에서는 빨리 뛰면서 하루에 가야할 거리를 채워야만 했다. 행렬 비용뿐만 아니라 다이묘(大名)의 에도(江戶)에서의 생활비, 막부 및 각 다이묘(大名)들과의 교제비 등도 막대하여 이 모두 합친 비용은 번(藩) 재정의 대략 1/3을 차지하였다고 한다. 막부가 다이묘들에게 산킨코타이(參勤交代)를 시킨 목적은 각 번(藩)들에게 막대한 비용을 쓰게 하여 재정 악화를 야기시켜 막부에게 저항하지 못하게 함이었다.

참근교대(參勤交代) 행렬이 지날 경우 도로 주위에 있는 농민이나 쵸닌 등은 거리를 깨끗이 하고, 물을 뿌리는 등 지나가기 편하게 해야 했고, 행렬이 그들 앞을 지나는 경우 땅에 엎드려서 고개를 숙여야 했다. 만약에 고개를 들고 다이묘(大名)를 쳐다보거나 이상한 행동을 할 경우에는 부시(武士, 무사)들은 칼로 베어도 상관없다는 법도 있었다. 일본에 가보면 사람들이 친절한 것 못지않게 거리가 깨끗하다는 것에 놀라는데 이런 것도 다 참근교대(参勤交代)의 효과가 아닐까 생각해본다.

에도(江戶)에는 쇼군 휘하의 사무라이뿐 아니라 참근교대(参勤交代)로 인해 지방 다이묘(大名)를 수행하여 온 사무라이들로 가득 찼고, 이들 사무라이들은 처자(妻子)를 동행할 수 없었기에 독신 생활을 하게 된다. 이래서 18세기 초 에도(江戶) 인구 중에서 남자들이 차지하는 비율은 70% 가까이나 되었다. 남자들이 많이 살게 되니까 자연히 풍기 문란 등 성적 문제가 발생하게 되고 이를 해결하기 위해 막부(幕府)는 요시와라(吉原) 같은 유곽(遊廓)을 공인한다. 공창(公娼)으로서 합법적으로 보호하고 인정한다는 것이죠. 이러다 보니 사창(私娼) 같은 것도 덩달아 많이 생겨나게 된다.

참근교대(参勤交代)로 인해 지방에서 에도(江戶)로 올라오는 길인 오가도(五街道)가 정비되고, 그 길로 왕래하는 사람들이 늘어나자 자연히 역참이 발달하게 되고 요즘 역세권처럼 여인숙, 찻집, 주막, 약국, 옷가게 등 여러 가지 편의 시설이 들어선다. 여인숙에서는 메시모리온나(飯盛女)라고 하여 명목상은 식사를 도와주는 여자라고 하지만 실제로는 유녀(遊女, 창부)를 두고 장사를 한다. 사람들이 많이 왕래하다보니 상업이 발달하고 일본이 하나의 경제권으로 성장하게 된다. 특히 일본에서 성(性) 산업이 발달한 이유로는 이와 같은 역사적 사실에 기인한다고도 볼 수 있겠다.

5

페리 제독이 온 5년 후에는 '미일 수호통상조약'

(1858년)

페리 제독의 흑선이 온지 5년 후에 막부(幕府)는 미국의 압력에 굴복하여 다시 한 번 더 조약을 체결하게 된다. 그 조약이 미일 수호통상조약(美日修好通商條約)[23]이다(1858년). 그 내용을 보면 5년 전에 개항(開港)한 하코다테(函館, 홋카이도) 항구(港口) 외에 요코하마(横浜), 니가타(新潟), 나가사키(長崎), 고베(神戶) 등 4개 항구(港口)를 더해 5개 항구를 개항하고, 개항지 내에서 치외 법권(治外法權, 미국인이 개항지에서 일본법을 위반해도 미국 법으로 재판 받는다는 것) 인정, 관세 면제 등 서양과 전형적인 불평등 조약을 맺는다. 이 조약으로 막부 반대 세력들은 존황양이(尊皇攘夷, 천황을 옹호하고 외세를 물리침) 사상을 내걸고 막부(幕府) 타도

---

23 수호(修好, 국가 간에 친밀하게 지냄).

운동을 격하게 벌인다. 이때부터 10년간의 내전을 겪은 후 마침내 1868년 메이지 유신(明治維新)이 일어나게 된다. 일본은 이때 맺은 미일 수호통상조약(美日修好通商條約)을 경험삼아 조선에서 1875년 강화도 해안을 무단으로 탐측하여 조선군의 포격을 유도한 후 일으킨 '운요호 사건'으로 체결한 강화도 조약(1876년) 때 그대로 써먹는다.

막부(幕府)가 미국의 힘에 굴복하여 완전히 개항(開港)한데는 여러 가지 복합적인 이유도 있었지만 가장 큰 이유는 내부 정치 사정에 있었다. 당시 13대 쇼군인 도쿠가와 이에사다(德川家定)가 병약해서 정사를 돌볼 수 없었고, 후계자가 없었다는 것이 문제였다. 13대 쇼군 도쿠가와 이에사다(德川家定) 후계자로 도쿠가와 이에모치(德川家茂)를 미는 후다이다이묘 즉 난기(南紀)파와 도쿠가와 요시노부(德川 慶喜)를 미는 신판다이묘와 도자마다이묘 즉 히토츠바시파(一橋)로 나누어져 정권이 어수선한 상태였다. 이렇게 대립이 격화되자 막부(幕府)는 내부 문제를 단속하기 위해 먼저 외부의 문제를 해결하려 한다. 당시 막부(幕府)는 2인자인 다이로(大老) 이이나오스케(井伊直弼) 주도로 개항을 일방적으로 결정해 버리고 13대 쇼군 후계자로는 13대 쇼군과 혈통적으로 조금 더 가깝고, 자기들이 다루기 쉬운 당시 13세인 나이 어린 도쿠기와 이에모치(德川家茂)로 정해버린다. 이렇게 되자 사쵸도비(薩長土肥)[24]를 중심으로 한 도자마다이묘들과 덴노(天皇, 천황) 측은 격분하여 존황양이(尊皇攘夷, 천황을

---

24 '사쯔마', '죠슈', '도사', '히'젠.

옹호하고 외세를 물리침)의 기치를 더욱 높이 들고 막부(幕府)에 정면 도전하게 된다. 정국이 이렇게 흘러가자 막부(幕府)의 2인자인 이이 나오스케(井伊直弼)는 13대 쇼군이 죽기 전 명령이라면서 1858년부터 2년에 걸쳐 사쓰마(薩摩, 가고시마현), 죠슈(長州, 야마구치현)를 중심으로 한 존황양이(尊皇攘夷)파에 대한 대대적인 처형을 단행하여 100명 이상을 죽여버린다. 특히 죠슈(長州, 야마구치현)의 인사들의 피해가 컸으며 이 사건으로 막부와 죠슈(長州)의 악연은 더욱 깊어지게 된다. 이때 죠슈(長州)에서 존황양이파의 선두이자 수많은 메이지 개국 공신을 길러낸 요시다 쇼인(吉田松陰)도 29살이라는 젊은 나이에 처형된다. 이를 안세이 타이고쿠(安政大獄, 안정대옥)라 하며 이를 일으킨 이이 나오스케(井伊直弼)는 1860년 에도성(江戸, 동경)의 사쿠라다몽(桜田門)에서 사무라이들의 칼에 의해 무참히 살해된다. 그야말로 막부의 위신이 땅에 떨어지고 만 것이다.

요시다 쇼인(吉田松陰) 정한론(征韓論)과 대동아 공영론(大東亞 共榮論)을 주장하다.

요시다 쇼인(吉田松陰)은 현재의 야마구치(山口)현 하기(萩)시 출신의 하급 무사로서 한일 양국에서 극명하게 상반된 평가를 받는다. 일본에서는 에도(江戸) 말기 존황양이(尊皇攘夷, 천황을 옹호하고 외세를 물리침)를 주장한 사상가이자 메이지(明治, 명치) 유신의 정신적 지도자로 칭송받지만 우리에게는 일본 제국주의의 한반도 침략의 설계자, 일본 제국주의 선봉자들의 정신적 스승으로 취급된다. 그는 쇼카 손주쿠(松下村塾, 송하촌숙)라 하는 사설 학당을 세워 이토우 히로부미(伊藤博文), 기도 다카요시(木戶孝允), 야마가타 아리토모(山縣有朋) 등 메이지 정부의 주요 인재를 배출한다.

그의 저서 『유수록(幽囚綠)』에 에도 시대 말기 일본이 위기를 극복할 수 있는 방법을 정리하였는데, 그 해법으로 일본은 서둘러 군사력과 무력을 강화해서 곧장 조선을 공격해야 한다. 즉 정한론(征韓論, 조선 정벌)인 것이다. 서양에게 지금 밀리는 건 당연한 추세니까 그쪽은 따라 배워야 되고 약한 쪽을 찾아 일본이 서구처럼 치고 나가지 않으면 안 된다는 생각으로 조선, 만주, 중국을 정복하여 교역으로 미국, 러시아에서 잃어버린 것을 조선과 만주에서 토지로 보상받아야 한다고도 주장한다. 그가 주장한 정한론(征韓論, 조선 정벌)과 대동아 공영론(大東亞 共榮論)[25]을 이어받은 그 제자들이 후일 아시아 여러 나라를 침략하는 일본 제국주의 정책을 취하고, 주변국들에게는 엄청난 고통과 아픔을 준다. 한 국가의 이념과 사상이 이처럼 중요한 것이다.

이베(安部) 수상이 요시다 쇼인(吉田松陰)을 가장 존경하는 인물이라고 하고, 일본을 전쟁을 할 수 있는 보통 국가로 바꾸려는 것이 또 한 번 일본 제국주의를 부활시키려는 조짐인지 예의 주시하면서 살펴보아야

---

25 서구 열강의 침략에 맞서 일본을 중심으로 동아시아를 연대해 번영시키자는 것.

할 것이다. 요즘 온통 관심이 중국으로 옮겨가서 일본에 대한 관심이 예전보다는 덜하지만 우리나라만큼은 언제나 일본에 대해서는 여전히 관심을 가져야 할 것이다. 반일(反日)도 좋지만 진정한 극일(克日, 일본을 이김)을 위해서는 일본에 대해 일단은 많이 알고 대처하는 수밖에 없지 않을까.

아베(安部) 총리와 다카스기 신사쿠(高杉晋作)

다카스기 신사쿠(高杉晋作)는 죠슈번(長州藩, 야마구치현)의 중급 무사 출신으로 요시다 쇼인(吉田松陰)의 제자 중 한 사람이었다. 그는 막부파와 반(反) 막부파로 나누어진 죠슈번(長州藩) 내에서 기병대(寄兵隊)를 일으켜 반(反) 막부파가 주도권을 잡게 하여, 후일 죠슈번(長州藩, 야마구치현)이 메이지 유신 때 주요 역할을 담당하게 한 인물이다. 여기서 기병대(寄兵隊)란 기마병(騎馬兵)이 아니라 지금까지 무장을 할 수 있는 사람은 부시(武士, 무사) 계급뿐이었지만 다카스기 신사쿠(高杉晋作)가 부시(武士, 무사)뿐만 아니라 일반 농민, 상인 등도 무장시켜 만든 군대를 기이할 기를 써서 기병대라 하였다. 부시(武士)만 무장할 수 있는 계급사회에서 굉장한 발상이었다. 야마구치현 출신의 현(現) 일본 수상인 아베 신조(安倍晋三)의 할아버지가 이 사람을 존경하여 아들, 손자의 이름에 다카스기 신사쿠(高杉晋作)의 신(晋)자를 넣었다고 한다. 아베 신타로(安倍晋太郎)는 아베 신조의 아버지로서 전 외무부 대신을 역임하였다.

18세기에 이미 에도 인구가
1백만 명을 돌파했다.

에도(江戶, 동경)에서 처음 인구 조사가 시행된 것은 교호(享保) 6년 (1721년) 때이다. 당시 사무라이들을 도와주면서 사는 쵸인(町人, 상인) 들의 인구는 대략 50만 정도였고, 사무라이들은 조사 대상에서 제외되어 실시하지는 않았지만 그들의 인구도 50만 명은 넘었을 것으로 추정되어 둘을 합하면 100만 명은 넘었다 볼 수 있다. 당시 인구 1백만 명을 넘은 도시로는 청나라의 수도 북경, 오스만 투르크의 수도 이스탄불 정도였고, 런던의 인구가 85만 명(1801년), 파리의 인구가 55만 명(1801년), 베를린 15만 명(1786년), 한양이 20만 명, 오사카 38만 명, 교토 35만 명이었다고 하니 일본의 도시 인구 집중은 과히 대단하다고 할 수 있다.

도시의 인구 집중 현상은 산업 혁명 후 도시에 공장들이 들어서면서 부터 자연히 농촌에서 도시로 인구 이동으로 생겨난데 비해 일본은 에도 막부가 사무라이들이 농촌에 농민들과 섞여서 살면 농민들을 무장시켜 반란을 일으킬 것을 대비하여 사무라이들을 다이묘(大名, 영주)가 살고 있는 도시에만 살게 해서 생긴 것이 특징적이라고 할 수 있다. 에도 (江戶)에서 인구 집중 현상은 도쿠가와 이에야스(德川家康)가 에도 막부를 세운 다음 지방 다이묘(大名)들에게 명하여 바다를 매립하여 에도(江戶)의 면적을 넓히거나, 큰 건물을 세우게 하는 대규모 토목 공사와 쵸닌 (町人)들에게는 특혜를 줌으로써 이루어진다. 여기에다가 산킨코우타이

(參勤交代, 참근교대)로 인해 지방의 다이묘(大名)들과 그들의 가족 및 가신(家臣)들이 살게 됨으로 에도(江戶)의 인구 집중이 가속화된다.

에도(江戶)에서 1721년경 쵸닌(町人)의 남녀 비율을 보면 남자가 65% 이상을 차지하였고, 쇼군 직속의 사무라이 및 그 가족들 그리고 지방에서 올라온 다이묘(大名) 및 수행 사무라이들을 포함한 에도(江戶) 전체의 남녀 비율을 보면 남자의 비율이 70%는 넘었을 것으로 보인다. 이렇게 남자들이 많이 사니까 성적 문제 해결을 위해 막부 공인의 유곽지가 생겨났고, 술 소비 또한 엄청났으며, 스시, 덴푸라, 소바 등 패스트푸드를 파는 야타이(屋台, 포장마차)가 벌써 이때부터 발달했다. 우리가 즐겨먹는 스시도 패스트푸드로 만들어진 것이다.

도시의 인구 집중 현상으로 특히 상업이 발달하게 된다. 사람들이 많으니깐 흥미만 있다면 책들도 손쉽게 팔려나갔고 특히 풍속화, 가부키(歌舞伎, 일본 전통 연극) 배우 인물화 등의 우키요에(浮世繪, 에도 시대 풍속화나 인물화를 그린 목판화)와 소설 등의 출판이 붐을 이루었고, 춘화(春畵)의 인기도 높았다. 17세기 말의 교토에서는 1만 점 가까운 서적이 발행되었다고 하고 18세기 에도(江戶, 동경)에서는 서점이 5백 군데나 있었다고 한다.

에도 시대에 일본에서 가장 발달한 3대 도시로는 에도(江戶), 오사카(大坂), 교토(京都)가 있다. 18세기 초 에도(江戶)의 인구가 1백만 명을 넘자, 에도(江戶) 주위의 관동(關東) 지방의 물자만으로는 수요를 담당할 수 없어서 천하의 부엌(天下の台所, 텐카노 다이도코로)로 불리우는 오사카(大

坂)에서 전국에서 모인 쌀, 생필품 등 물자를 선박을 통해 에도(江戶)로 운송하였다. 이때 이들 3대 도시를 이렇게 표현하기도 하였다. "오사카(大坂)는 쿠이다오레(食倒れ, 먹어서 재산을 다 날리고), 교토(京都)는 키다오레(着倒れ, 입어서 재산을 다 날리고), 에도(江戶)는 노미다오레(飮み倒れ, 술을 마셔서 재산을 다 날린다)." 이만큼 경제가 잘 돌아가고 있었고, 당시 지역 특색을 잘 나타낸 말이라 할 수 있겠다.

에도(江戶)에는 쇼군 휘하의 사무라이뿐 아니라 참근교대(參勤交代)로 지방 다이묘(大名)를 수행하여 에도(江戶)에 머무는 사무라이들로 가득 찼다. 사무라이들은 처자(妻子)를 동행할 수 없었기에 독신 생활을 하였다. 에도 초기에는 경제적 어려움 없이 그런대로 생활할 수 있었지만 에도 시대 후기로 가면서 지방 다이묘(大名)에게도 이들 사무라이들은 경제적으로 부담이 된다. 그래서 급료를 많이 줄 수가 없게 되자 이들 사무라이들은 경제적으로 매우 궁핍한 생활을 하게 되고 심지어는 주군(主君)을 떠나 생활하는 낭인(浪人, 떠돌이 무사)들도 생겨나게 된다. 이때 사무라이들은 경제적으로 어려워진 반면 상업의 발달로 쵸닌(町人)들의 경제적인 부는 오히려 증가한다. 돈이 있는 상인들은 사무라이들을 동경하게 되고 이들 사이의 장벽도 조금씩 허물어지기 시작한다. 이때 에도의 하이쿠(俳句)[26] 모임에서는 사무라이와 상인들이 함께 하기도 했으며 계급 장벽을 허물기 위해서 모임 안에서는 서로 필명(筆名,

---

26 5, 7, 5의 3구 17자로 된 일본의 단시.

ID)을 사용하기도 했고, 돈 많은 상인들은 사무라이 계급을 돈으로 사기도 했다. 신분 계급 사회에서 점차 돈이 지배하는 사회로 조금씩 바뀌어가고, 경제적으로 어려운 하급 사무라이들은 도시의 불만 세력으로 커져 간다.

한편으로 1750년(18세기 중반) 부터는 번교(藩校, 번에서 만든 학교)와 사숙(私塾, 사설 학원)의 개교 수가 급속도로 증가하는데 이때부터 할 일 없던 사무라이들이 열심히 공부하게 된다. 서민들의 초등 교육은 전국에 자연 발생으로 생긴 데라코야(寺子屋)라고 하는 사숙(私塾, 사설학원)이 담당하였고, 그 이름의 유래는 가마쿠라(鎌倉) 시대[27] 승려들이 아이들을 절에서 모아 글쓰기 읽기를 가르쳤기 때문이라 한다. 그래서인지 일본의 근대화 전의 문맹(文盲)률은 다른 어떤 나라보다도 낮다고 한다. 에도 사람들은 여름에 접이식 부채를 하나씩 들고 다녔다고 하는데, 그건 급할 경우 메모용으로 쓰기 위함이었다고 할 정도로 많은 수의 사람들이 읽고 쓰기, 셈이 가능했다고 한다.

18세기 말 우리나라로 치면 정조 시대(1774~1800년)에 에도 막부가 실시한 인구 조사에서 일본 인구가 대략 3천만 명에 달하였다고 한다. 그 당시 조선 인구가 9백만 명쯤이었으니 조선에 비해 3배 정도 많은 수가 어쨌든 먹고 살았던 것 같다.

---

27 최초의 무신정권(1180~1333년).

요시와라(吉原)는 막부로부터 공인된 유곽지였다.

　요시와라(吉原)는 에도 막부(江戸幕府)가 공인한 유일의 유곽(遊廓)이며 인구의 70% 가량을 남자가 차지하고 있는 에도(江戸, 동경)에서 풍기문란을 예방하기 위해서 필요악으로 허용된 장소였다. 요시와라는 처음에는 번화가인 니혼바시(日本橋)에 있었고 영업은 주로 낮에 사무라이들을 상대로 하였다. 에도가 점점 커짐에 따라 막부는 심야 영업을 허용하는 대신 당시 변두리인 아사쿠사(浅草) 근처로 옮겨가도록 하였고 그때부터 중심 고객은 사무라이로부터 쵸닌(町人, 상인)으로 이동하였다. 에도 시대 초기에는 불법 사창가도 있었지만 요시와라(吉原)라는 최상급 게이샤(芸者)들과 창부(娼婦)가 있는 당시 에도(江戸)는 남성들에겐 꿈의 지대와 같은 곳이었다. 밖은 해자(垓字, 성 밖을 둘러싼 연못 같은 것)로 둘러싸여 마치 독립된 도시와 같았고, 전성기엔 3천여 명의 게이샤(芸者, 춤이나 노래, 악기로 여흥을 돋우는 여성)들과 창부(娼婦, 손님과 잠자리를 하는 여성)들이 있었다.

　요시와라(吉原)의 창부(娼婦)들은 고급 매춘부였으며 이들 대부분은 가난한 집 출신으로 어린 나이에 들어와 까다로운 교육 과정을 통해 예법과 미적 감각을 갖추었고, 그들은 최근 공연된 연극에서부터 정치에 관한 주제까지 어떤 주제의 대화도 소화할 수 있는 능력까지 갖추었다. 창부(娼婦)들과 남성 고객의 만남은 우선 요시와라(吉原)에 있는 차실(茶室)에서 이루어졌으며, 이곳은 멋쟁이들이 모이는 사교의 중심지 같은 곳이었다. 창부(娼婦)들은 고객보다 스스로가 우월하다는 교육을 받았고 손님을 거부할 권리도 있었으니 남성들은 가격 또한 만만치 않아 6개월 전부터 입고 갈 옷 등을 철저히 준비했다고 한다. 일단 한 명의 창부와 관계를 맺으면 둘 사이 관계가 끝나기 전까지는 다른 창부와는 만날 수 없다는 자체 룰도 있었다.

이렇듯 전쟁이 없는 동안 사무라이들이 할 수 있는 것이라고는 술, 여자, 가부키[28] 관람뿐이었다. 이것도 경제력이 있을 때 얘기고 18세기 중반부터는 사무라이의 경제력이 떨어지자 이들은 사회의 불만 세력이 되어가고, 요시와라(吉原)도 찾는 이가 점점 줄어들게 되자 창부(娼婦)들은 서서히 돈의 노예로 타락해 간다. 메이지 유신을 중심으로 공부하다보면 하급 사무라이들과 게이샤와의 사랑 이야기가 유난히 많은데 서로 동병상련(同病相憐)[29]을 느껴서 일까.

18세기 중반이면 우리나라에서는 영조(1724~1776년) 시대인데 이때 일본에서는 이렇게까지 도시화가 진행되었다.

---

28 일본 전통 연극.
29 같은 처지끼리 서로 불쌍히 여겨 동정하는 것.

18세기 인구 1백 만이 살았던
에도의 화재 대책은?

　18세기 에도(江戶, 동경)에는 아주 발달된 소방 조직과 기구들이 있었다고 한다. 어떤 이유에서일까. 에도 막부 260년간 에도(江戶)에 3천 평 이상을 태운 대화재는 63건이나 되고, 그보다 작은 화재는 수를 헤아릴 수 없을 정도라고 한다. 화재가 많은 원인으로는 에도 인구의 반수 이상을 차지하고 있던 약 50만 명의 쵸닌(町人, 상인)들이 에도(江戶) 면적의 불과 16%에 빼곡하게 생활을 하고 있었기 때문이다. 인구 밀도로는 6만 명/㎢으로 현재 도쿄 인구 밀도의 4배 정도였다고 한다.

　에도 시대 초기 인구의 대부분은 사무라이가 차지하고 있었지만 시간이 지나면서 쵸닌(町人)들의 수가 점점 많아졌음에도 불구하고 이들의 주거지는 한정되어 뒷골목에 우라나가야(裏長屋)라는 서로 다닥다닥 붙은 판잣집에 밀집해서 살 수밖에 없었다. 특히 에도(江戶)에는 지방에서 혼자 올라와서 단칸방에서 힘들게 혼자 사는 노동자들 그리고 지방 다이묘(大名)를 따라 단신 부임한 하급무사들이 특히 많았는데 그들이 밤에 할 일이라곤 술에 취해 담배나 피우면서 자다 보니 자연히 화재가 많을 수밖에 없었다. 이런 밀집한 곳에서는 화재가 났을 경우 순식간에 불이 옮겨가기 때문에, 화재를 진압하는 방법으로는 불이 난 곳을 물 등으로 끄기보다 화재가 다른 집으로 옮겨가지 못하게 구역을 정하여 멀쩡한 집을 재빠르게 부수는 것에 치중하였다. 이렇다보니 소방수의 권한은 대단히 높을 수밖에 없었고, 소방수들의 복장과 장비들 또한 멋있게 보여 에도(江戶) 사람들에게는 대단히 인기가 높은 직업이었다.

이렇게 자주 화재가 나다 보니 에도 막부는 교호(亨保) 3년(1718년)에는 요즘의 소방서 같은 마치비케시(町火消, 정화소)를 조직하여 에도에 있는 미스다가와(隅田川)라는 강을 기준으로 에도 동쪽으로는 16개조로, 에도 서쪽으로는 48개조로 나누어 담당케 한다. 이들은 화재가 났을 경우 서로 담당 구역 문제로 싸움도 많이 하여 에도(江戶)의 하나(華, 꽃)는 화재와 싸움이란 말도 생겨났다. 요즘 소방수들처럼 단체 생활을 하였는데 취침 시에는 기다란 나무에 홈을 파서 같이 머리를 베고 잤다고 한다. 왜냐하면 화재가 발생했을 때 나무를 망치로 두드리면 한꺼번에 깨울 수 있었기 때문이다. 인격 침해 같은 얘기가 없었던 그 당시 획기적인 방법인 것 같다. 그리고 에도 막부는 화재가 많은 겨울철에는 오가도(五街道)를 통해 지방에서 에도(江戶)로 들어오는 사람들을 세케죠(關所, 검문소)에서 원천 봉쇄 정도로 통제하기도 하였다. 이렇게 해서라도 화재를 예방을 하고자 했던 에도 막부의 노력이 돋보인다.

이렇게 자주 화재가 나는 에도(江戶)에 사는 사람들은 언제 자기 집이 피해를 입을지 알지 못하는 상황에서 제일 안전한 방법으로 돈을 그냥 다 쓰고 살거나, 아니면 돈과 귀중품 등은 항아리에 담아 땅속에 묻고 살았다. 에도(江戶)의 집집마다에는 항아리가 하나씩은 다 묻혀있었던 셈이다.

에도 시대 목욕탕 센토의 내부 구조

　에도(江戶, 동경)의 여름은 무척 덥고, 겨울은 먼지가 너무 많이 날려서 사람들은 매일 입욕을 해 몸을 청결케 하는 습관이 있었다. 그러나 화재가 빈발하여 에도(江戶)에서는 욕탕을 설치하는 게 허가가 나지 않았다. 그래서 신분이 높은 무사 계급이나 일부의 유복한 쵸닌(町人, 상인)들에게만 허용되었고 에도 사람의 대부분은 센토(錢湯, 목욕탕)를 이용하였다. 영업시간은 오전 6시부터 오후 8시까지였고 요금은 현재의 화폐 가치로 약 200~250엔 정도로 서민들도 가볍게 이용할 수 있었다. 당초에는 남녀혼욕이 당연지사로 행하여졌으나 풍기 문란 등의 이유로 에도 시대 후기에는 남탕과 여탕으로 나누어졌다. 같은 욕탕에서 남녀가 함께 몸을 씻은 후에는 남성은 2층에 올라가서 장기를 두거나 차를 마셨고 일종의 사교장의 역할을 하였다.

　필자도 친구가 살고 있는 동경에서 동네의 센토(錢湯)를 가보았는데 구조는 우리나라와 거의 비슷하였고 가격도 460엔으로 저렴하였다. 그러나 영업시간이 우리나라와 달리 아침 일찍 열지 않고 오후 2시경부터 밤 12시까지 열었고, 욕실 내에 있는 사우나 실은 이용하는 사람에 한하여 200엔 더 받고 문을 열고 들어갈 수 있는 키를 따로 줬다. 나름 합리적이란 생각이 들었다. 또 하나 특이한 점은 마침 그 목욕탕은 1, 2층 구조였는데 1주일 후인 며칠부터 1, 2층 남녀 탕의 위치가 바뀌기에 실수하지 말라는 안내문이 붙어있었다. 마침 센토(錢湯) 바로 옆에 코

인란도리(コインランドリ, 코인 세탁방)가 있어 목욕을 하는 동안 빨래를 할 수 있어 더욱 편리했던 기억이 있다.

6

시마즈 히사미츠(島津久光) 영국과 전쟁의 빌미를 제공하다.
(1862년)

시마즈 히사마츠는 사쓰마번번주의 아버지로서 1862년 에도 막부의 개혁 및 서양세력을 몰아내기 위해 사무라이 1천명을 이끌고 에도로 올라간다 먼저 그는 텐노가 살고 있는 교토에 가서 막부를 몰아내고 천황을 중심으로 서양과 수교하자는 반막부파를 처단한다.

 왜냐하면 그의 목적은 막부(幕府)를 없애자는 게 아니라 막부(幕府)의 개혁을 이끌어내어 번주(藩主)인 자기 아들과 자기 번(藩)의 인재들을 중앙정치에 진출시키는 것이었다. 쇼군(將軍)의 허락도 없이 무장 병사를 이끌고 탈번(脫藩, 영지를 떠나는 것)을 한 그의 행동은 막부(幕府) 세력이 강했던 시절이었다면 폐번(閉藩, 영지를 몰수하는 것)에 처해지는 반역죄이자 하극상이었지만 막부(幕府)로부터는 달리 큰 처벌은 받지 않는다.

시마즈 히사미츠(島津久光) 행렬이 에도(江戶, 동경)에서 교토(京都)로 내려가던 중 요코하마(橫浜, 당시 개항지) 근처 나마무기무라(生麦村)라는 곳에서 말을 탄 영국인들이 끼어들자 그를 호위하던 사무라이들이 무례하다는 이유로 영국인들을 살해하게 된다.[30] 이것이 바로 나마무기무라(生麦村) 사건이며 이 사건으로 인해 이듬해인 1863년 8월에 시마즈 히사미츠(島津久光)의 영지인 사쓰마번(薩摩蕃)과 영국 간에 사쓰에이전쟁(薩英戰爭)이 일어난다. 이 전쟁에서 사쓰마번(薩摩蕃)은 영국 군함 3척을 반파시키는 전공도 있었지만 자기들이 더 훨씬 큰 피해를 입고, 근대적 무기를 갖추지 못한 채 서양과 싸운다는 게 얼마나 무모한 짓인가를 깨닫고 서양을 배척하자는 것에서 개국으로 급선회하게 된다.

사쓰마번(薩摩藩)과 조슈번(長州藩, 야마구치현)은 페리 제독에 의해 일본이 개국을 한 후에는 발 빠르게 번(藩) 자체 개혁을 통해서 제도를 고치고, 젊은 사무라이들을 기용하여 막부(幕府)도 함부로 할 수 없는 강력한 군사력을 갖춘다. 그리고 두 번(藩)은 허약한 막부(幕府)를 없애고 오랑캐를 몰아내자는 존황양이(尊皇攘夷)를 주장하며 서로 주도권을 놓고 경쟁하는 사이가 된다. 우선은 천황을 자기들 편으로 만드는 게 급선무였다. 사쓰마번(薩摩藩)은 천황과 힘을 합쳐도 막부(幕府)와의 대

---

30 당시 다이묘들 행렬에 엎드리지 않거나 무례한 행동을 하는 경우 칼로 베어도 상관없는 에도 막부법이 있었지만 당시 나무무기무라(生麦村)는 요코하마의 영국인 치외법권(治外法權)이 적용되는 경계 지역이라서 애매한 경우였다고 한다. 그렇다고 외국인을 함부로 죽이다니….

결하는 것은 어렵다고 판단하여 천황과 막부와 손을 잡는다. 아무것도 모르고 교토에 올라와서 막부타도를 외치던 죠슈군은 막부(幕府)군과 아이즈번(会津藩, 후쿠시마현 서쪽에 위치)과 사쓰마번(薩摩藩)의 연합 공격을 받아 엄청난 피해를 입고 죠슈(長州)로 쫓겨 간다. 이를 '8.18 정변'이라고 한다. 죠슈(長州)는 이런 사쓰마(薩摩)를 변절자 취급하며 서로 결별을 한다.

사쓰마번은 영국과의 사쓰에이전쟁으로 서구 세계의 군사력을 실감하고선 개국으로 노선을 바꾼다. 그리고 개혁의 걸림돌이 되는 막부타도도 외친다. 홀로이 서양세력을 몰아내고 막부타도를 주장하던 죠슈번(長州藩)은 막부(幕府)의 대규모 토벌에 큰 피해를 입는다. 게다가 시모노세키 해협을 항해 중인 미국 상선을 양이(攘夷, 오랑캐를 내몰자)를 한답시고 발포했다가 미·영·프·네 4개국 연합군의 공격으로 죠슈번(長州藩)의 시모노세키가 쑥대밭이 되어버린다(1864년). 그들 역시 함부로 서양과 싸운다는 게 얼마나 무모한 짓인지를 깨닫게 되고, 사쓰마번(薩摩藩)처럼 개국(開國)과 막부(幕府) 타도로 급선회하게 된다. 이렇게 서양 세력과의 전쟁으로 죠슈번(長州藩)과 사쓰마번(薩摩藩)은 개국(開國)과 막부(幕府) 타도라는 공동 목표를 갖게 된다.

신선조(新選組)는 에도 막부를 끝까지 지키려는 보수의 아이콘인가!

신센구미(新選組, 신선조)는 흥미로운 일본 역사 콘텐츠가 되어 영화, 드라마, 게임, 관광 상품 등으로 만들어지는데 과연 무엇이 이들이 그렇게 만들었는지 알아보기로 하자. 에도 막부 말기 천황이 살고 있는 교토(京都)는 존황양이(尊皇攘夷, 천황을 옹호하고 오랑캐를 몰아내자) 사상을 가진 여러 번(藩)의 하급 무사들이나 낭인(浪人, 떠돌이 무사)들이 모여든다. 그들은 서양에 문을 열어야 한다는 에도 막부(江戶幕府) 측에 동조하는 인사들에게 테러를 가하는 등 사회 불안을 일으킨다. 이를 제압하기 위해 에도 막부(江戶幕府)는 교토(京都)의 치안을 담당케 하려고 정규직으로는 막부(幕府) 직속 무사인 하타모토(旗本)와 아즈번과 쿠와나번의 사무라이로 구성된 미마와리구미(見廻組, 견회조)를 두고, 비정규직으로는 농민 출신으로 무술이 뛰어난 자들과 낭인(浪人, 떠돌이 무사)들로 구성된 신센구미(新選組)를 둔다. 신센구미(新選組)는 농민 출신으로 무술이 뛰어난 국장 곤도 이사미와 부국장 히지카다 토시조 그리고 낭인(떠돌이 무사)들이 중심된 검객 집단이었다. 이들은 존황양이(尊皇攘夷)를 주장하는 자들을 가차 없이 처단하는 등 교토 사람들에겐 악당, 무자비한 칼잡이 같은 두려움의 이미지였으며, 교토의 미부 지역을 중심으로 활약을 하였기에 '미부의 늑대(任生のオオカミ, 미부노 오오카미)'라고도 불리었다.

이들은 1864년 6월 교토(京都)의 이케다야(池田屋, 이케다야라는 술집)에서 모의 중인 존황양이(尊皇攘夷)파 지사들을 발견하고서는 10여 명을 살해하는데 이 사건이 신센구미(新選組)를 더욱 유명하게 만든다. 이때 살해당한 사람들의 대부분은 죠슈(長州, 야마구치현) 출신들이었고 이 때문에 메이지 유신이 1년 늦춰졌다고 평가되기도 하고 거꾸로 존황양이(尊皇攘夷)파를 자극해 결과적으로 메이지 유신을 앞당기는 계기가 되었다는 평도 있다. 신센구미(新選組) 대원들은 보신전쟁(戊辰戰爭, 신정부군과 막부군과의 전쟁) 때는 막부군 편에 서서 정부군(메이지 유신 세력)과 싸우다가 죽거나 해체되었다. 이러다보니 메이지 유신 시대 때에는 자기들의 이력을 함부로 드러내놓고 살 수는 없었다. 그렇게 숨어 살다가 1913년에 신센구미(新選組) 출신 마지막 생존자 나가쿠라 신파치(長倉新八)가 75세 때 오타루 신문 기자와 인터뷰하면서 이들의 실체가 밝혀진다. 놀라운 건 이들이 엄격한 신분 사회에서 진짜 사무라이들로 구성된 정규직에 대한 콤플렉스를 오히려 그들은 내부의 엄격한 규율(국중법도, 局中法道)로 조직을 이끌어갔다고 한다. 엄격한 내부 규율 위반에 따라 할복이나 처형에 의해 희생된 대원들이 전체 희생자의 반수 이상을 차지하였다고 하는 등의 이런 흥미로운 사건이 일본 역사 콘텐츠가 되어 영화, 드라마, 게임, 관광 상품 등으로 만들어지게 된다. 우리나라로 치면 자유당 시절 이정재나 유지광 같은 정치 깡패쯤 되지 않을까 조그만 것이라도 상업화시키는 일본인들의 능력이 놀랍다 할 수 있다.

사쓰마번(薩摩藩, 가고시마현)

사쓰마번(薩摩藩)은 규슈(九州) 남서부에 위치하며 가고시마번(鹿児島藩)이라고도 한다. 한슈(藩主, 번주)는 12세기 이후부터 시마즈(島津) 가문이며, 지리적으로 일본의 최남단에 위치하여 서양 세력과의 교류가 빈번하였으며, 대외 무역도 활발하였다. 사쓰마번(薩摩藩)은 임진왜란 때 심수관 등 조선 도공이 끌려간 곳이며, 이순신 장군이 노량해전에서 사쓰마(薩摩)함대와 싸우다가 유탄에 맞아 돌아가신 악연도 있다. 일본어로 이모(芋, いも)가 감자이고, 고구마는 사쓰마이모(さつま芋)라고 한다. 사쓰마이모(さつま芋) 즉 사쓰마 감자가 고구마라는 뜻으로 쓰인다. 이렇게 쓰게 된 건 고구마가 아메리카에서 유럽을 통해 일본 규슈 사쓰마번(薩摩藩)을 통해 들어왔기에 사쓰마이모(さつま芋)라고 한다. 이 지역에서는 고구마로 만든 사쓰마 소주(燒酒)도 유명하다.

1609년 류큐국(琉球, 현재 오키나와)을 침략하여 정복한 후 류큐(琉球) 왕정에 개입하여 중국과의 무역을 독점하여 부를 축적한다. 개항 후에는 죠슈번(長州藩, 야마구치현)과 정국 주도권을 다투었고, 1866년 죠슈번(長州藩)과 삿쵸(薩長)동맹을 맺어 막부군을 물리친 후에는 메이지 유신을 주도한다. 대표적 인물로는 사이고 다카모리(西鄕降盛), 오쿠보 도시미치(大久保利通) 등이 있다. 2018년도에 NHK 대하드라마『세고돈』이 방영되었는데 세고돈(西鄕どん)은 사이고 다카모리(西鄕降盛)의 어릴 적 이름이라고 한다. 사이고 다카모리(西鄕降盛)는 정한론(征韓論, 조선 정벌)을 주장한 인물로 우리에겐 악인(惡人)의 이미지이지만 일본 여자들에게 가장 인기가 있는 인물이라고도 한다. 내용 중에서 흥미로운 건 사쓰마번(薩摩藩)의 11대 한슈(藩主)인 시마즈 나리아키라(島津済彬)가 그의 수양딸 아츠히메(篤姫)를 13대 쇼군(將軍)인 도쿠가와 이에사다(家政)의 정실로 보내는 장면이 나온다. 이에사다(家政)는 병약해서 딸(아츠히메)이 어머니로서 아이를 안을 수 없을 것이라고 하며 쇼군과 결혼하는 진짜 목적은 14대 쇼군(將軍)으로 도쿠가와 요시노부(德川慶喜)를 추대해야 한다고 하는 것이다. 이렇게까지 해서 사쓰마한(薩摩藩)을 위해 정략적으로 딸을 이용했지만 14대 쇼군으로 자기들이 밀던 도쿠가와 요시노부(德川慶喜)가 되지는 못한다. 아츠히메(篤姫)가 결혼한 13대 쇼군(將軍) 이에사다(家政)는 뇌성 마비를 앓고 있었다는 설도 있다.

사쓰마번(薩摩藩)은 막부(幕府)와 혼인 관계를 맺어 막부(幕府) 타도보다는 공무합체(公務合體, 막부와 천황이 힘을 합쳐야 한다)를 주장하며 죠슈(長州)와 달리 온건파의 길을 걸었지만 영국과의 전쟁 후 막부(幕府)만으로는 서양 세력에 대항할 수 없음을 느껴 막부(幕府)를 타도하고 천황 중심의 새로운 국가를 건설해야 한다고 노선을 바꾸게 된다. 죠슈번(長州藩)과 삿쵸(薩長) 동맹(1866년) 이후에는 강경파인 죠슈번(長州藩)과 함께 반(反) 막부 운동 전면에 나선다. 이렇게 되자 막부(幕府) 측에서는 죠슈(長州) 놈들은 원래부터 그렇다손 치더라도 도중에 배반한 사쓰마(薩摩) 놈들이 더 나쁜 놈들이라 이를 갈았다고 한다.

사마천 『사기열전』 맹상군 편을 보면 재상 맹상군이 실각하자 3천여 명이나 되던 식객들이 다 떠나버리는데 이에 실망하고 이를 갈고 있는 맹상군 옆에서 끝까지 남아있던 "풍환"이라는 자가 맹상군에게 "부귀다사 빈천과우(富貴多士 貧賤寡友, 부귀할 때는 선비가 많고, 가난하고 천하게 될 때는 친구가 적다)"라고 하면서 "살아있는 자는 반드시 죽는 것은 사물의 이치(理致)이듯, 부귀할 때 선비가 많고 빈천할 때 친구가 적은 것은 어쩔 수 없는 것입니다."라고 말해준다. 인간의 이기심과 나약함을 인정해야 하는 것이 자연의 이치(理致)이자 인간사의 모습이지 않을까.

조총(鳥銃), 화승총(火繩銃), 종자도총(種子島銃)[31]

1543년 포르투갈인이 탄 배가 폭풍 후에 떠밀려 사쓰마번(薩摩藩, 가고시마현)의 다네가시마(種子島, 종자도)에 표류한다. 이때 2자루의 조총의 가치를 알고 막대한 돈으로 산 영주는 도검 제작자들에게 복제하도록 명하였으나 "총신에 나선형 구멍을 뚫어 나사를 고정시키는 기술이 그 당시 일본에 없었기 때문에 완성하지 못했다." 바로 그 다음해에 포르투갈인 대장장이를 데리고 와서 이 문제를 해결하였고, 총이 전래된 지 10년 만에 3천 정 이상의 조총이 생산된다.

16세기 일본에서는 사수가 한 번 총알을 장전하고, 조준하고, 발사할 시간에 궁수가 15대의 화살을 쏠 수 있었다고 한다. 유효 사거리도 80

---

31 조총, 화승총, 종자도총, 뎃포(鉄砲, 철포)는 다 같은 말로 쓰였다.

~100m에 불과했으며, 갑옷에 맞은 총알이 도로 튕겨 나오는 일도 있었다 한다. 그러나 총에는 한 가지 장점이 있었는데 그건 칼이 능숙하지 않은 하급 무사들이나 농부 출신을 빠르게 장비 화시킬 수 있다는 것이었다. 그런 이유로 빠른 속도로 보급이 되었다.

그 후 조총을 최대한 활용할 수 있는 각종 기술이 개발되기 시작하는데 우선 발사 속도가 느린 조총의 약점을 보완하기 위해 연속 사격술을 개발해 빗발치듯 탄환을 쏟아 부었고 또한 구경이 더 큰 총을 개발해 살상력을 높였고 비가 올 때도 총을 쏠 수 있도록 칠기로 보호 상자를 만들었다. 이렇게 개량한 그 많던 조총들도 2백여 년간 전쟁이 없었던 관계로 창고에 박혀있을 수밖에 없었다.

서구 세력들이 몰려왔을 때 그들에 대항하여 2백여 년 이상 된 구식 총으로 상대하려고 했으니 그들이 볼 때 참으로 어처구니없지 않았을까. 이건 조선이나 중국도 마찬가지였지만, 일본은 무신 정권이라서 적의 무기만 봐도 이길 건지 질 건지 빠르게 판단하여 서구 문물을 수용한 결과 앞서 나갔고, 조선이나 중국은 문민 정권이라 그런지 판단이 늦어서 고생한 건 아닐까라고 생각해본다.

임진왜란 당시 일본군이 보유한 조총의 수가 전 유럽이 가진 조총의 숫자보다 많았다고도 한다. 그 후 일본은 전쟁이 없던 관계로 조총은 말 그대로 새나 잡는 총으로 변하였지만, 여러 나라로 나누어져 있는 유럽은 전쟁에 따라 국가의 존폐가 갈렸기에 무기 개발에 목숨을 걸지 않을 수 없게 되어 개발한 결과 아편 전쟁에서 보다시피 동양은 서양에 비교할 수도 없을 정도로 엄청난 차이를 보이게 된다.

죠슈번(長州藩, 야마구치현)

죠슈번(長州藩)는 혼슈(本州)의 제일 끝에 위치하며 하기(萩)번, 야마구치(山口)번이라고도 한다. 한슈(藩主, 번주)는 도자마다이묘(外樣大名)인 모리 가문으로 고쿠다카(石高, 석고)가 전국 다이묘 265번 중에서 4, 5위에 해당하였고, 1만1천 명의 무사를 지닌 큰 번(藩)이었다. 대표적 인물로는 이토 히로부미, 이노우에 가오루, 기도 다카요시, 구사카 신즈이, 다카스기 신사쿠, 야마가타 아리토모 등이 있다.

죠슈(長州) 5인회(죠슈오걸, 長州五傑)라고 하면 이토 히로부미, 이노우에 가오루 외 3명이다. 이토 히로부미를 제외한 4명이 죠슈번(長州藩, 야마구치현) 다이묘(大名, 영주)의 허락으로 영국 유학을 떠나기로 되었는데 유학비 및 체류비가 턱없이 모자라서 갈 수가 없게 된 상황(1863년)이 되자 이때 번(藩)에서 자금 운영을 담당하던 이토 히로부미가 대포 구입비를 유용해서 그들과 함께 몰래 영국 유학을 떠난다. 이때 돈을 한 푼도 헛되이 쓰지 않고 "살아있는 무기"가 되어 돌아오겠다는 편지를 남기고 떠난다. 당시는 상해에서 영국으로 가는 배편뿐이어서 상해로 가서 영국 배를 탄다. 배안에서 영국 선원이 너희들 무슨 목적으로 영국으로 가느냐고 물었는데 그중 영어를 그나마 조금하는 이노우에가 해군(navy)을 말한다는 게 항해(navigation)로 잘못 말하는 바람에, 옆에 있던 이토 히로부미와 두 사람은 영국에 도착할 때까지 내내 쉬지도 못하고 항해술을 가르쳐준다는 핑계로 증기선 안에 석탄을 넣는 작업만 하였다고 한다. 그 후 영국에 도착한지 8개월쯤 지났을 때 고향인 죠슈번(長州藩)과 연합국 4개국 간 전쟁이 일어난다는 소식을 접하고 급히 이토 히로부미와 이노우에 가오루는 돌아오게 된다. 이토 히로부미는 짧은 영어 실력이지만 당시 그보다 영어를 잘하는 사람이 없어서 연합국과의 패전 회담에서 통역으로 나서게 된다.

이 당시 국가 차원이 아닌 일개 한(藩)에서 영국 유학을 떠났다는 게 믿기지 않을 정도이며 세계를 향한 젊은이들의 배우려는 자세가 메이지 유신의 밑거름이 된 건 아닐까 생각이 든다. 우리나라 젊은이들도 세계에 많이 나가있으니 언젠가는 다들 "살아있는 무기"가 되어 돌아오지 않을까.

7

사쓰에이(薩英) 전쟁과
연합국 4개국의 죠슈(長州) 정벌
(1863~1864년)

사쓰마번(薩摩藩)과 죠슈번(長州藩)은 막부(幕府)가 페리 제독 내항으로 개국(開國)을 단행하자 서양 세력에 굴복한 것이라면서 주장한다. 그러나 오랑캐를 내몰자는 방법론에서는 막부를 개혁하고 천황과 힘을 합하자는 온건파인 사쓰마번과 막부를 내몰고 천황을 중심으로 하자는 강경파인 죠슈번으로 나누어진다. 각번은 서양세력이 얼마나 강한지 모르고 하는 소리였다.

먼저 사쓰마번(薩摩藩, 가고시마현)은 나마무기무라(生麦村) 사건으로 영국과 사쓰에이(薩英) 전쟁(1863년 8월 15일~17일)을 벌이게 된다. 영국 군함 3척을 반파시키는 전공도 있었지만, 자기들은 영국군 암스트롱포 사격으로 엄청난 피해를 입었다. 이 전쟁으로 근대적 무기를 갖추지 못한 채 서양과 싸운다는 게 얼마나 무모한 짓인가를 깨닫고 개국으로 급선회하게 된다. 그 명분으로 내세운 것이 도바쿠(倒幕, 도막, 막부 타도)이다.

이때 마침 죠슈번(長州藩, 야마구치현)도 시모노세키 해협을 항해중인 미국 상선을 구사카 겐즈이(久坂玄瑞) 등이 중심이 되어 발포한다. 이 사건으로 이듬해 1864년 미·영·프·네 4개국 연합군은 17척 군함과 5천여 병력을 동원하여 죠슈번(長州藩)의 시모노세키를 공격한다. 그리곤 해안 포대를 쑥대밭으로 만들고 대포마저 배에 싣고 가버린다.[32] 죠슈번(長州藩) 역시 함부로 서양과 싸운다는 게 얼마나 무모한 짓인지를 개국(開國)과 도바쿠(倒幕, 막부 타도)로 노선을 바꾼다. 두 번(藩)은 각각 한 번씩 서양 세력과의 전쟁으로 신무기의 위력을 알게 되었고 일단은 서양의 문물을 받아드려 새롭게 무장한 강한 군대를 가지기로 노선을 수정한다. 그리고 사쓰마, 죠슈는 도바쿠(倒幕, 막부 타도)라는 공동 목표 아래 동맹을 맺게 된다.

조선에서는 1863년 12월 고종이 12세에 조선 26대왕으로 등극한다.

---

32 이때 빼앗긴 대포는 일본 수상 아베가 메이지 유신 150주년을 기념해서 2018년 프랑스에서 다시 찾아온다.

후쿠자와 유키치
"아시아를 벗어나 유럽으로 들어가자."

후쿠자와 유키치(福沢諭吉)는 지금 일본 화폐 최고 고액권인 1만 엔짜리에 인쇄된 초상화의 주인공인 만큼 일본에서 중요한 인물이다. 그는 일찍부터 일본의 문명개화와 독립자존을 주장했으며『문명론의 개론』, 『서양 사정』, 『학문을 권함』이란 책을 써서 그 당시 일본인을 크게 계몽시켜 일본이 근대로 나아가는 데 큰 역할을 하였다. 특히 우리에게는 일본이 아시아를 벗어나 유럽과 교류하자는 다츠아뉴오(脫亞入歐, 탈아입구)를 주장한 학자로서 기억된다. 1885년 시사신보(時事新報)에 게재된 다츠아론(脫亞論) 내용을 조금 보면 "옛것을 버리고 새로운 것을 얻는 과정에서 가장 핵심적인 것은 '아시아를 벗어나는 것(脫亞, 탈아)'이다. 이웃의 두 나라(한국과 중국)는 개혁을 생각조차 하지 못하고 있다. 이 나라들의 유교적인 가르침은 모두 위선적이고 뻔뻔할 뿐이다. 나쁜 친구를 사귀는 사람은 다른 사람들에게 마찬가지로 나쁜 인상을 주기 때문에, 일본은 이웃의 나쁜 아시아 나라들과 관계를 끊어야 한다." 그의 이러한 주장은 일본이 서양과 함께 제국주의의 길을 걷는 사상적 토대를 제공하며 후일 한국과 중국을 침략하게 된다. 이처럼 국제 세계의 현실은 냉정한 것이다. 자기들에게 도움이 되지 않으면 이웃도 버리거나 죽일 수까지도 있다는 얘기다.

21세기 지금 일본이 하는 걸 보면 중국과 한국과의 관계 개선보다는 중국을 견제하려는 미국의 입장에 동조하여 탈아입미(脱亜入美)를 하고 있다는 생각이 든다. 후쿠자와 유키치(福沢諭吉)는 규슈 나카쓰(中津)번의 하급 무사 출신으로 일찍이 난학(蘭學)을 공부하여 서양에 대해 잘 알고 있었지만 흑선 내항 후 첫 개항지인 요코하마에 가서 네덜란드어와 비슷하게 생긴 글자인데 전혀 읽지도 못하는 데서 충격을 받았다 한다. 영어 간판이었던 것이다. 그 후 다시 영어 공부를 시작하여 여러 권의 서양 서적을 번역하게 된다. 그가 처음으로 영어를 가르쳤던 사설 학당이 현재 게이오(慶応) 대학의 전신이며, 그때 그가 일본 최초로 수업료라는 것을 매월마다 받았다고 한다. 그가 서양 서적을 번역하면서 만든 한자어 중에는 지금 우리가 쓰고 있는 경제(經濟), 자유(自由), 경쟁(競爭) 등이 있다.

조선은 사(士)농공상, 일본은 시(侍, 사무라이)농공상.

에도(江戸) 시대는 사농공상이라고 하는 엄격한 신분 제도로 이루어진 사회였다. 사무라이는 지배 계층으로 전 인구의 7~10% 정도를 차지하였고 갖가지 특권을 누렸다. 우리나라 양반보다 많은 수였다. 이들 사무라이들 사이에도 엄청난 차별이 있었다. 하급 사무라이들은 비 오는 날에는 상급 사무라이들 앞을 지날 때면 흙탕물이 튄다는 이유로 게타(下駄, 나막신)를 벗고 맨발로 다녔다고도 한다. 사무라이들과 일반 서민들 사이에는 차별이 얼마나 심했을지 상상이 간다. 이들은 다이묘(大名, 영주)가 사는 성 주위에서만 살아야 했기 때문에 도시에서 살았다.

사무라이들이 지배 계층을 차지하는 이런 사회 구조는 외세 침략이 없었기에 가능한 사회 구조이지 않았을까 생각한다. 만약에 외세 침략이 있어서 나라가 망하게 될 위기에 처하게 되었다면 사무라이들뿐만 아니라 일반 백성들도 무장시켜 사무라이로 만들어 싸우지 않았을까. 그렇게 되었다면 그 많은 백성들을 지배 계급인 사무라이로 편입시킬 수도 없고, 설령 시켰다 하더라도 과연 유지될 수 있었을까하는 생각이 든다. 외세 침략이 수없이 많았던 조선과 일본은 이렇게 차이가 있을 수밖에 없었다. 일본이 이렇게 독특한 제도와 문화를 가질 수 있었던 건 그들만의 독창성도 있겠지만 지정학적인 이유에서 찾아볼 수 있겠다 할 수 있다.

일본은 메이지 유신 후 1873년에는 전 국민 징병제를 실시하여 전 국민에게 과거 같으면 사무라이들만 담당하던 군인의 역할을 일본 국민들에게 담당시킨다. 그러나 국민들에게 징병제는 큰 저항 없이 받아들여지는데 그건 아마도 사무라이가 되고 싶은 그들의 욕망과 부합되어서 그런 건 아닐까…. 조선 시대에는 장교 같으면 무관으로 양반 대접을 받았지만 일반 병졸들은 일반 백성들과 다를 바 없었다. 그러나 일본은 일단 하급 사무라이라 하더라도 일반 백성들보다는 높은 지배층 계급이었기에 하급 사무라이라도 되려고 기를 썼다. 그래서 양자로 가거나 에도시대후기에는 돈을 주고도 사무라이 신분을 사는 경우도 허다하였다. 이렇게 두 나라 사이에는 신분의 차이가 있었다.

농민들은 연공(年貢, 해마다 바치는 공물)을 부담하는 중요한 존재였기 때문에 표면적으로는 사무라이 다음가는 신분이었으나 통제가 엄격하고 세(稅) 부담이 과중하여 그들의 생활은 언제나 궁핍하였다. 전 인구의 80~85% 정도를 차지하였다. 쵸닌(町人, 상인)들은 도시에서 사무라이들을 돕고 살았으며 전 인구의 5~7% 정도를 차지하였으며, 쵸닌은 신분으로서는 농민 아래에 있었지만 통제는 오히려 농민보다 덜하였다. 잡세로써 부과된 운죠킨(運上金, 영업세), 묘가킨(冥加金)[33]도 농민의 부담에 비해 가벼웠다. 사농공상의 밑에는 에타, 히닌(非人)이라는 천민이 있었다. 에타(穢多)는 주로 피혁 제품을 생산하는 사람들이었고, 히닌(非人)은 주로 시체를 처리하거나 걸식하는 사람들이었다. 천민들은 일반 민가와 동떨어진 장소에 거주하였다.

쇼군(將軍)은 에도성(江戶城) 안에서 살고 그 주위에는 지방에서 참근교대로 온 다이묘(大名)가 살고 그 다음에는 쇼군 직속 가신(家臣, 부하)인 하타모토(旗本), 고케닌(ご家人), 그리고 하급 사무라이 순으로 동심원을 그리면서 살았다. 이처럼 지방에서도 영주인 다이묘가 성(城)에 살고 그 주위에는 상급 사무라이, 하급 사무라이가 살고 그 외곽 지역에 쵸닌(町人)들이 살았다. 쵸닌들이 사는 지역을 죠카마치(城下町, 성 아래 마을)라고 한다. 그 당시에는 사는 위치만 보아도 그 사람의 신분을 알 수 있었다. 그건 요즘 시대도 그런 것 같다.

---

33 영업 활동에 대해 보호받는 대신에 막부에 바치는 헌금.

농민들은 5가구, 7가구, 10가구씩 묶어서
세금과 연대 책임을 졌다.

에도(江戶) 시대 농촌은 그 자체가 하나의 행정 단위였다. 다이묘(大名, 영주)는 무라(村, 촌) 단위로 세금이나 부역을 부과시켜 농민들을 장악하였다. 무라(村)는 몇 개의 자연 집락을 합친 50~60호 정도 규모였다. 무라(村)는 농업 생산의 단위이면서 행정 단위였다. 농촌에서 무라(村) 단위로 세금 납입과 연대 책임 추궁을 위해 다섯 가족을 하나로 묶은 5인조(五人組)나 지역에 따라 7인조(七人組), 10인조(十人組)를 시행하였다. 이러한 제도는 상호 부조라는 측면보다 상호 감시라는 성격이 강하여 에도 막부가 크리스트교 전파를 막기 위해서 서로서로를 감시하고 연대 책임을 묻기 위해 적극적으로 실시하였다. 이렇게 다섯 가족을 하나로 묶은 5인조(五人組)를 실시하면 어느 한 가족이 할당량을 못 채울 경우 다른 4가족들에게 메이와쿠(迷惑, 민폐)를 끼치기 때문에 나머지 가족들이 이지메(いじめ, 따돌림, 괴롭힘)를 가하지는 않았을까···. 그리고 5인조로 서로서로를 감시하면서 살면 혼네(本音, 본심), 다테마에(建て前, 겉으로 나타내는 것)가 다르게 살았을 것 같다. 일본인들의 조심스러운 태도나 지나칠 만큼 친절한 이면에서는 이러한 역사적 사실과 관계있지 않을까 생각해본다.

막부(幕府) 직할지의 경우는 군다이(郡代)라고 하는 다이칸(代官)이 영주(領主) 대신에 무라(村) 단위로 세금이나 부역을 부과시켜 농민들을 장악하였다. 무라(村)의 실질적인 운영을 담당한 무라야쿠닌(村役人)은 나누시(名主), 구미가시라(組頭), 하쿠쇼다이(百姓代)가 있었다. '나누시(名主)'는 촌장이었으며 연공(年貢, 해마다 바치는 공물)의 납입, 촌내의 통솔 및 관리, 타촌과의 교섭 등에 종사했으며 세습하는 것이 일반적이었으나, 선거로 선출되는 경우도 있었다고 한다. 우리나라로 치면 이장이나 동장쯤 되지 않을까. 이런 직책도 세습하였다고 하니 일본에서 국회의원을 세습하는 건 우리에게는 잘 이해가 안 가지만 일본에서는 쉽게 받아들였을 것 같은 생각이 든다. '구미가시라(組頭)'는 나누시(名主)의 보좌역이었으며, '하쿠쇼다이(百姓代)'는 촌민을 대표하여 나누시와 쿠미카시라의 행정을 감시하였다. 그 아래에는 토지 소유자인 혼뱌쿠쇼(本百姓, 본백성)와 소작인인 미즈노미뱌쿠쇼(水呑百姓, 물만 먹고 살 정도로 가난한 백성)와 예속 농민(隷屬農民)이 있었다. 그들은 이웃의 5가구씩 한 조로 하는 '5인조(五人組) 제도'에 따라 연공(年貢)의 납입 및 법도의 준수 등의 연대 책임을 졌다.

쇼군 승계는 어떻게 했을까.

쇼군(將軍)은 우리나라처럼 장자 상속의 전통에 따라 승계되지만 후사가 없을 경우를 대비하여 1대 쇼군(將軍) 도쿠가와 이에야스(德川家康)는 자신의 아홉 번째, 열 번째, 열한 번째 아들이 분가한 오와리번(尾張藩), 기이번(紀伊藩), 미토번(水戸藩)에서 쇼군 직을 승계할 수 있도록 하였다. 이에 따라 7대 쇼군의 후사가 끊어지자 8대 쇼군으로 기이번

(紀伊藩)에서 도쿠가와 요시무네(德川吉宗)를 데리고 와 계승하게 하였다. 이들 3번(藩)을 '고산케(御三家)'[34]라 한다.

조선시대에도 이와 비슷한 일이 있었는데 13대 명종의 대가 없자 11대 중종의 아들인 덕흥대원군의 아들 하성군을 14대 왕으로 세우니 그가 바로 선조 임금이다. 조선의 첫 방계 출신의 왕이었다. 일본식으로 한다면 태조 이성계의 아들 후손 중에서 선출한다는 셈이다.

8대 쇼군(將軍) 도쿠가와 요시무네(德川吉宗)는 그 후 자기 아들 둘과 손자 한 명이 분가하여 세워진 3가문인 다야스(田安), 히토츠바시(一橋), 시미즈(淸水) 가문에서도 후대에 쇼군의 후사가 끊어질 경우 쇼군으로 삼을 수 있게 하였는데 이를 '고산쿄우(御三卿)'[35]라고 하였다. 마지막 15대 쇼군 도쿠가와 요시노부(德川慶喜)는 미토번(水戶藩) 출신의 히토츠바시(一橋)가문이다. 일본인 특유의 매뉴얼 대로 한다는 걸 보여준 예라고 할 수 있겠다.[36]

5대 쇼군의 별명은 이누(犬, 개) 쇼군.

5대 쇼군(將軍) 도쿠가와 쓰나요시(德川綱吉)의 어머니는 상인 출신으

---

34 미토(水戶)번, 기이(紀伊)번, 오와리(尾張)번.
35 다야스(田安)번, 키요미즈(淸水)번, 히토바시(一橋)번.
36 쇼군가(將軍家) : 1대 도쿠가와 이에야스(德川家康)
　　　　　　→ 15대 도쿠가와 요시노부(德川慶喜).

로 쇼군 눈에 들어 아들을 낳는다. 그러나 위로 형들이 너무 많아 커서 쇼군이 될 줄은 몰라서 그는 어릴 때부터 어머니로부터 상인의 덕목과 학자로서 교육을 받게 된다. 쇼군이 될 교육을 받지 못한 최초의 쇼군이다. 그는 문치주의를 강화하여 주변에 무사들보다 학자들을 선호하였다. '생류연민의 령'[37]("生類憐れみの令", 쇼루이아와레미노레이)을 발표하여 개나 가축에게 상처를 입히지 못하게 금하는 한편 먹기 위해 동물을 잡는 행위도 금하였는데 그가 개띠라서 특히 개 보호에 힘을 썼다.

동물학대금지법(動物虐待禁止法)도 만들었고, 유기견 보호소도 만들어 당시 에도(江戸)에 10만 마리 이상의 유기견을 보호했다고 한다. 개가 죽은 경우 산에 묻도록 하였는데 어느 농부가 죽은 개를 산에 묻으러 가면서 무겁다고 투덜대니까 옆에 있던 친구가 쇼군의 띠가 말띠가 아닌 걸 다행으로 생각하라고 했다는 우스갯소리도 있다. 그는 영아유기방지법(嬰兒遺棄防止法)이라는 지금 생각해도 획기적인 법을 만들었지만 시대를 너무 앞서간 탓인지 그가 죽고 난 후 그가 만든 위의 모든 법들은 바로 없어진다. 영아유기방지법은 지금 생각해도 정말 선진화된 법인 것 같다. 그에게는 지나친 면은 있었지만 사무라이가 지배하는 사회에서 살생에 경각심을 주기 위해서 라고도 생각할 수 있고, 아니면 그에게는 생명을 중요시한 마음이 있어서라고 할 수 있지 않을까.

---

37   살아 있는 생물을 불쌍히 여겨 보호해 주는 법령.

8

삿쵸(薩長) 동맹과
사카모토 료마
(1866년)

서양세력을 몰아내자고 주장하던 사쓰마번(薩摩藩, 가고시마현)과 죠슈번(長州藩, 야마구치현)은 각각 한 번씩 서양 세력과의 전쟁으로 신무기의 위력을 알고서는 일단은 서양의 문물을 받아들여 새롭게 무장한 강한 군대를 가지기로 한다. 그리고는 서양을 상대하기 위해서는 봉건제인 막번(幕藩) 체제로는 안 되고 천황을 중심으로 한 강력한 중앙 집권 체제를 이루어야 한다며 도바쿠(倒幕, 막부 타도)라는 공동 목표를 위해 서로 동맹을 맺게 된다. 이것이 바로 1866년 1월 21일에 맺어진 역사적인 사쓰마번(薩摩藩)과 죠슈번(長州藩) 동맹 이른바 삿쵸(薩長) 동맹이다. 이러한 사실을 모르는 막부(幕府)는 막부 타도를 외치는 죠슈번(長州藩)을 공격했다가 삿쵸(薩長) 동맹군에게 크게 패배한다. 막부(幕府)는 이 싸움의 패배로 정국 주도권을 사쓰마번(薩摩藩)과 죠슈번(長州藩)에게 넘겨주게 되고, 이 싸움에서 이긴 죠슈번(長州藩)은 2차 대전 말까지 일본 군부를 장악하는 군바츠(軍閥, 군벌)의 본거지가 된다.

삿쵸(薩長) 동맹은 사쓰마번(薩摩藩) 대표인 사이고 다카모리(西鄕隆盛)와 죠슈번(長州藩) 대표인 기도 다카요시(木戶孝允)[38]가 도사번(土佐藩, 고치현) 출신인 사카모토 료마(板本龍馬)의 중재 하에서 이루어진다. 이것이야말로 일본 근대화 과정의 분수령이 되는 사건이며 이것으로 힘의 추는 메이지 개혁의 주 세력이 되는 사쓰마번(薩摩藩)과 죠슈번(長州藩) 쪽으로 급속히 옮겨간다. 삿쵸(薩長) 동맹을 중재한 사카모토 료마는 지금도 일본인에게 최고로 존경받는 인물 중 한명으로 남게 된다. 1866년 12월에는 14대 쇼군 도쿠가와 이에모치(德川家茂)가 사망하고 15대 쇼군 도쿠가와 요시노부(德川慶喜)가 즉위하였으며, 공교롭게도 고메이(孝明) 덴노 역시 같은 연도에 사망하고 15세인 그의 아들 메이지(明治, 명치) 덴노가 즉위한다. 이 해 메이지 천황과 조선의 고종은 15세 동갑내기로 각 국가의 1인자였으나 이후 두 사람은 서로 극명하게 다른 길을 걷게 된다.

1866년도 조선에서는 1863년에 12세로 즉위한 고종이 명성황후 민비와 혼례식을 올렸고, 흥선 대원군의 섭정 하에서 1866년부터 1872년까지 6년 동안 8천여 명의 신자들을 학살한 '병인박해'가 일어났다. 천

---

38 메이지 유신 3걸 중 한 사람. 그 외 사이고 다카모리(西鄕隆盛), 오쿠보 도시미치(大久保利通).

주교 신자에 대한 이 같은 박해로 프랑스 신부 9명이 죽자 프랑스는 그 보복으로 1866년 10월 군함 7척에 총 병력 1천명을 승선시키고 강화도를 점령하였고 이에 조선군은 강화도 수복 계획을 구상하고 그들을 공격했지만 화력이 밀려 실패하였다. 이 사건을 '병인양요'라고 한다. 당시 한양은 에도와 달리 내륙 지역에 위치해있어 함포 사격의 도움도 받을 수 없고, 적은 병력으로는 쉽게 함락시키지는 못했을 것이다. 이때 한양이 프랑스군에게 함락될 위협을 받았다면 개항(開港)이 좀 더 빨라졌으려나.

사카모토 료마 일본에서 가장 존경받는 인물이라는데.

일본인들에게 가장 사랑을 받는 사카모토 료마(板本龍馬)는 소프트뱅크의 손정의 사장이 가장 존경하는 인물로도 유명하다. 사카모토는 시코쿠(四國)의 도사번(土佐藩, 고치현)에서 하급 무사로 태어났으며 17살 때 에도(江戶, 동경)의 검술 도장에서 검술을 익혀 일본 최고의 검객이 된다. 그러나 그는 싸움을 하면 사람을 죽이지 않고 칼등으로 기절만 시키는 인간애가 넘치는 검객이기도 했다. 그는 에도(江戶)에 있던 중 페리 제독이 흑선을 가지고 내항한 역사적 현장을 보고 존황양이(尊皇攘夷, 천황을 옹호하고 오랑캐를 배척) 사상에 심취한다. 그걸 이루기 위해 탈번(脫藩)을 하고 낭인(浪人, 떠돌이 무사) 생활을 한다. 그는 사무라이지만 굉장히 유연하고 개방적인 사고방식을 가졌다고 볼 수 있다.

1862년 막부(幕府)에서 개화파에 적극적인 가쓰 가이슈(勝海舟, 승해주)를 암살하려고 갔다가 도리어 그에게 개국(開國)의 당위성에 설복당하여 개화파로 급 진로를 바꾼다. 그 후 료마는 자연스럽게 세상에 도전하는 무기가 장검에서 단검, 단검에서 권총, 권총에서 만국 공법으로 바뀌는 걸 알게 된다. 세상이 바뀌었다고 생각한 것이다. 그 후 가쓰 가이슈(勝海舟)와 고베(神戶)에서 해운 조련소를 세워 운영하였고, 또 나가사키에 가서는 카메야마사츄우(龜山社中)라는 무역 상사를 설립하여 직접 외국과도 교역을 하였다. 사무라이지만 경제적 마인드를 가졌고 어떻게 하면 나라를 부강하게 할 것인가를 늘 생각하고 있었다. 당시 막부(幕府)의 견제로 외국과 무역이 금지당한 죠슈번(長州藩)에게 자기가 세운 카메야마사츄우(龜山社中)라는 무역 상사를 통해 사쓰마번(薩摩藩) 이름으로 거래한 최신 무기를 죠슈번(長州藩)에게 넘겨준다. 이것이 막부(幕府)군에 결정적 타격을 입힌 그 유명한 삿쵸(薩長) 동맹(1866년)을 맺는 계기가 된다.

그에게는 서로 생각이 다른 사람을 타협하고 중재시키는 굉장한 협상 능력이 있었다. 그 후 그는 도사번(土佐藩)의 다이묘(大名, 영주)를 설득하여 쇼군이 정권을 천황에게 반납하는 대정봉환(大政奉還)을 건의케 하여 성취한다. 대정봉환(大政奉還) 이후 새로운 정부를 구성하는데 정작 그 자신은 빠지고 사쓰마번(薩摩藩)과 죠슈번(長州藩) 인사들로만 채운다. 메이지 유신의 중요한 고비마다 그의 뜻대로 이루어 갔지만 정작 그는 이루어낸 열매를 자신은 가지려 하지 않았고 바로 이런 점이 료마가

가장 존경받는 이유이지 않을까.

그의 죽음은 더욱 극적이어서 메이지 유신을 불과 1개월 앞둔 1867년 12월 10일 교토 데라다야(寺田屋)에서 암살당하고 만다. 그의 나이 32살로 메이지 유신 일등 공신의 삶은 그 막을 내린다. 그는 시바 료타로의 대하소설『료마가 간다(龍馬がゆく).』로 다시 태어나 1억 부 이상(2005년 기준)이 팔린 스테디셀러로 지금도 인기를 누리고 있다.

지금 우리 젊은이들에게 말하고 싶은 건 비록 현실이 암울하지만 좌절하지 않고 료마처럼 꿈을 가지고 나라의 미래에 대한 비전을 가지고 그 비전을 실천하기 위해 어떤 삶을 살아야 할지 깊은 숙고의 시간도 필요할 것으로 생각된다. 소프트뱅크의 손정의 사장도 젊은 시절 간염으로 1년간 입원하였을 때 그 시간을 보상받기 위해서 자기가 그때 할 수 있는 건 책을 읽는 것뿐이라고 생각하여 입원해있는 동안 천 권의 책을 읽었다고 한다. 천 권의 책을 읽고 나니 그때부터 세상을 바라보는 눈이 바뀌고 자기 인생 또한 바뀌었다고 합니다. 느리게 가더라도 바른 방향으로 가면 언젠가는 도달할 수 있지만, 빠르게 가더라도 방향이 틀리면 영원히 도달할 수 없는 게 우리의 인생이지 않을까.

붓을 든 사무라이

18세기 후반으로 가면서 경제적인 부의 이동이 시작된다. 사무라이에서 에도, 오사카, 교토 등의 대상인(大商人) 및 각 번(藩)의 중농 및 중상으로 옮겨간다. 지배층 사무라이들의 수가 조선이나 중국보다 훨씬 많은 전 인구의 대략 10% 정도를 차지하기에 이들이 경제적으로 더 어려움을 겪는다. 그 중에서도 사무라이의 80% 이상을 차지하는 하급 무사들이 특히 어려움을 겪는다. 신분은 상인이나 농민보다 높으나 급료는 얼마 되지 않아 늘 불만이 쌓여간다. 특히 경제적으로 어려웠던 하급 사무라이들은 밤에는 돈 많은 상인들의 집이나 점포를 경비하는 알바를 하거나 집에서 은둔하며 우산, 부채, 종이봉투 같은 것을 만드는 일을 하였다. 사무라이들은 전쟁에 나가 공을 세워야 계급 상승을 하는데 2백 년간 전쟁 한 번 없으니 그마저도 기대할 수 없고, 그렇다고 직업 이동도 맘대로 할 수 없게 된 사회 구조였다. 이런 그들이 할 수 있는 건 차(茶)나 마시고, 목검을 들고 연습이나 하면서 체력을 기르거나, 상급 사무라이 밑에서 말단 허드렛일을 하면서 책을 읽는 것뿐이었다.

그래서 1700년대 후반부터는 사무라이들이 공부를 하는데, 주로 유학을 공부한다. 일본은 중국, 한국, 베트남 모두에 실시한 과거 제도라는 게 없어 그야말로 시험을 보기 위한 공부가 아니라 공부를 위한 공부를 한 것이다. 공부량도 엄청났고 엄청난 수의 사무라이가 공부를 했다. 논어에도 위인지학(爲人之學, 남을 위해서 학문을 함)을 하지 말고 위기지학(爲己之學, 자기의 인격 수양을 위하여 학문을 함)을 하라는 말이 있는데 이는 남에게 보여주기 위해 공부하지 말고 자기의 덕을 쌓고 인격 수양을 위해 공부하라는 것이다. 자기 자신을 위해 공부하면 비록 뜻을

펼칠 수 없더라도 낙심하지 않을 수 있기 때문이다. 이들이 바로 위기지학(爲己之學)을 한 것이다.

이렇게 사무라이들이 공부한 유학에서는 힘센 자가 제일이 아니라 정통성을 갖고 있는 자가 왕이라고 가르친다. 그래서 그들은 일본의 주인은 쇼군이 아니라 천황이란 생각을 갖게 되고 급기야는 천황을 중심으로 한 권력 재편까지 꿈을 꾸게 된다. 18세기 때부터 공부한 유학이 막부(幕府) 체계를 동요시키고, 19세기 흑선(黑船)의 내항으로 들어온 서구화가 일본 사회의 변혁을 촉구하고, 여기에다 도시 인구의 40% 이상을 차지하고 있던 하급 사무라이들의 차별과 불만이 더해져서 메이지 유신이 일어나게 되었다고 박훈 교수는 『메이지 유신은 어떻게 가능 했는가』에서 이렇게 정리하고 있다.

9

쇼군 천황에게
700년 만에 정권을 돌려주다
─ 대정봉환(大政奉還)
(1867년)

삿쵸(薩長) 동맹군에게 참패를 당한 바쿠후(막부, 幕府)군은 다시 힘을 비축하여 덴노(天皇, 천황)를 끼고 있는 사쓰마번(薩摩藩)과 죠슈번(長州藩)의 군대와 일전을 준비한다. 이러한 어수선한 가운데 중재에 탁월한 도사번(土佐藩, 고치현)에서 새로운 제안을 하고 나선다. 도사번(土佐藩)이 내놓은 중재안은 대의명분에 따라 덴노(天皇)를 국가 최고 통치자로 받들고 번(藩)을 기초로 한 의회 제도를 도입하자는 것이었다. 마지막 쇼군(將軍) 도쿠가와 요시노부(德川慶喜)는 덴노(天皇)에게 권력을 이양하여도 다이묘(大名, 영주)들로 구성된 의회에서 쇼군과 가까운 다이묘(大名)들이 많기 때문에 쇼군은 그대로 권력을 유지할 거라 생각한다. 그래서 1867년 11월 9일 교토의 쇼군 소속의 니조성에서 다이세이호칸(大政奉還, 대정봉환)으로 바쿠후(幕府, 막부)의 모든 권력을 덴노(天皇)에게 바친다. 이렇게 왕정복고를 선언함으로써 1192년 이래 7백 년간 일본을 지배해온 부시 정권 막부는 역사 속으로 사라지게 된다. 그러나 새로운 국가를 건설하고 정치권력을 장악하려던 삿쵸(薩長)에게 바쿠후(幕府)란 반드시 사라져야 할 걸림돌이었다. 그래서 삿쵸(薩長) 지도자들은 비밀회의를 열어 쇼군 요시노부(慶喜)가 신정부에서 받은 관직 반납과 그의 영지 또한 몰수한다며 쿠데타를 일으킨다. 이러자 신정부군과 바쿠후군의 최후의 전투가 벌어지게 되고 이것이 바로 교토 외곽에서 벌어진 '도바―후시미 전투'(1868년 1월 3일)이다.

바쿠후군(幕府)은 니시키노미하타(綿の御旗, 관군의 깃발)를 든 정부군에게 대패하고, 교토 근처인 오사카성에 있던 쇼군 도쿠가와 요시노부(慶喜)는 에도(江戸)성으로 피난한다. 도바―후시미 전투에서 패한 후 도쿠가와 요시노부는 완전히 전의를 상실하여 곧바로 협상에 들어간다. 관군(정부군) 대표 사이고 다카모리(西鄕降盛)와 바쿠후 대표 카즈카이슈(勝海舟)의 협상에 따라 쇼군은 에도에서 가까운 곳으로 귀양 가는 가벼운 처벌로 결정 나고, 바쿠후(幕府)를 따르던 잔존 세력들은 계속 북상하면서 관군에게 저항하다가 1869년 9월 하코다테(函館, 홋카이도에 있는 지역) 전투에서 완전히 소멸되고 만다. 그 가운데 아이즈(會津) 전투(현 후쿠시마 서쪽 부근)에서는 관군(정부군)들이 아즈미(會津) 지역의 많은 사람들을 살상시켜 지금도 이 지역 사람들은 쵸슈(長州) 사람들에 대한 지역감정의 골은 굉장히 깊다.

여기서 의문이 드는 건 15대 마지막 쇼군인 도쿠가와 요시노부(德川 慶喜)가 도바—후시미 전투에서 졌지만 왜 오사카나 에도(江戶)에서 제대로 싸워보지도 못하고 항복했냐는 것이다. 요시노부(慶喜)는 어릴 적부터 굉장히 똑똑하고 정치 감각도 있어 일찍이 14대 쇼군감으로도 거론된 인물이기도 했다. 그렇지만 바쿠후(幕府) 체제 내에서 당시 권력의 핵심인 신판다이묘와 후다이다이묘들의 지지가 약했고 또 결정적인 것은 그가 미토학(水戶學)[39]이 발달한 지역인 미토번(水戶藩, 이바라기현) 출신이었기에 천황에게 정면으로 대적하기는 어려웠을 것이라는 의견이 지배적이다. 그가 대정봉환(大政奉還) 그리고 카츠 카이슈(勝海舟)에게 협상의 전권을 넘겨준 건 어쩔 수 없는 선택이었지만 결국은 일본을 위기에서 구한 결정적인 한 수가 되었다. 1868년부터 1869년까지 왕정복고로 수립된 메이지 정부군과 바쿠후(幕府)군이 벌인 전쟁을 '보신(戊辰, 무진) 전쟁'이라 한다.

1868년 3월 메이지(明治, 명치) 천황(天皇)은 교토의 어쇼(御所, 황궁)에서 5개조의 어서문(御書文)을 발표하고 본격적인 개혁을 시작하는데 이를 메이지 유신의 기점으로 삼는다. 천황(天皇)은 그 후 바로 교토(京都)에서 에도(江戶)로 입성하고 이듬해인 1869년에는 에도(江戶)를 도쿄(東京, 동경)로 고친 뒤 수도(首都)로 선포한다. 메이지 신정부는 다이묘(大名) 자신들의 토지와 그들이 소유하고 있던 농민(版籍, 판적)을 천황(天

---

39 유학을 바탕으로 일본은 천황 중심으로 나아가야한다는 국학 사상.

皇)에게 헌납하게 하고(판적봉환, 版籍奉還), 이를 근거로 하이한치켄(廢藩置縣, 폐번치현)⁴⁰을 실시하여 국가 시스템을 봉건제에서 중앙 집권제로 바꾼다.

---

40 번(藩)이란 다이묘가 다스리는 봉건 제도이고, 현(縣)이란 중앙에서 지명한 관리가 내려가서 다스리는 중앙 집권제이다.

10
이와쿠라(岩倉) 사절단과 조선의 신사 유람단
(1871년)

1871년 메이지 정부의 권력이 안정되지도 않았던 시점에 대규모 정부 사절단이 구미(歐美, 유럽과 미국)로 파견된다. 이것이 '이와쿠라(岩倉) 사절단'이다. 이와쿠라 도모미(岩倉具視)를 단장으로 정부의 실력자인 오쿠보 도시미치, 이토우 히로부미, 기도 다카요시 등이 참가하였고, 수행원과 유학생을 포함한 106명으로 구성된 대규모 사절단이 2년간 미국과 유럽을 둘러보고 그들이 가야 할 근대화 정책의 방향성을 찾고자 하였다. 이들은 돌아와서 보불전쟁(1870년, 프로이센과 나폴레옹 3세의 프랑스와의 전쟁)에서 승리한 프로이센을 본떠 육군을, 세계의 바다를 제패한 영국을 본떠 해군을 건설하고, 산업을 발전시키고 강력한 군대를 길러 선진국으로 발돋움하기 위한 부국강병의 바탕을 마련하고자 했다.

이때 조선(朝鮮)도 조사 시찰단이라고도 불리는 신사 유람단(紳士遊覽團)을 만들었고 1881년 일본의 근대화를 배우고, 일본이 어떻게 빠르게 강국이 됐는지 이유를 알아보기 위해 4개월간 파견하였다. 박정양, 유길준, 홍영식 등 젊은 개화파 관료들이 개화에 반대하는 대신들의 눈을 피해 비밀리에 부산에서 모여 일본으로 건너갔고, 이들은 일본으로부터 극진한 대접을 받았으며 일본의 선진 문물도 견학했다. 하지만 4개월 중 배를 타고 이동한 시간을 제외하면 약 60일 가량을 일본에서 지냈는데 이마저도 빡빡한 일정에 불만을 품고 호텔에서 나가지 않고 버티는 사람도 있었다고 한다. 이들이 귀국해서 3년 후 갑신정변을 일으켰지만 결국 허무하게 끝난다. 무엇이 두 나라의 차이였을까. 잡아먹지 않으면 잡혀 먹히는 냉혈한 국제 관계에 대한 이해 부족과 안일한 자세가 원인이지 않았을까. 이런 문제는 우리나라를 둘러싸고 지금도 일어나고 있다.

이와쿠라(岩倉) 사절단이 해외에 가있는 동안 일본 국내는 메이지 유신으로 특권을 거의 빼앗긴 사무라이들의 불만을 밖으로 끌어내려는 정한론(征韓論, 조선 정벌)[41]으로 시끄러워진다. 그러나 이와쿠라(岩倉) 사절단이 돌아온 후 메이지 정부는 지금은 힘을 비축할 때라면서 정한론(征韓論, 조선 정벌)을 일축해버린다. 그런 후 1873년에는 4년간 전 국민 징병제를 실시하고, 이듬해는 대만을 무력으로 점령하고, 1876년에는 조선과 강화도 조약

---

41 이 주장은 사쓰마번(薩摩藩, 가고시마현)의 사이고 다카모리(西鄕隆盛) 등이 주도한다.

까지 체결한다. 그 힘을 바탕으로 메이지 정부는 국내의 불만 세력인 사무라이들에게 그들의 상징이자 목숨 같은 칼을 회수하는 폐도령(廢刀令)을 내린다. 사무라이(侍)들은 자신들이 주축이 되어 메이지 유신을 일으켰지만 정부군은 사무라이 역할을 일반 국민들이 하게 되고, 계급의 상징인 칼도 빼앗겨 그저 일개 국민으로 전락해버리자 그들의 불만은 폭발하게 된다.

11

사무라이들의 최후
― 세이난(西南) 전쟁
(1877년)

사무라이(侍)들이 주축이 되어 메이지 유신을 일으켰지만 신정부군은 사무라이들의 모든 특권을 빼앗아가 버린다. 설 곳을 잃어버린 하급 사무라이들이 사쓰마번(薩摩藩, 가고시마현)에서 사이고 다가모리(西鄕降盛)를 중심으로 반란을 일으킨다. 이것이 바로 사무라이 계급의 최후의 저항인 '세이난(西南) 전쟁'(1877년)이다. 사이고 다카모리(西鄕降盛)를 중심으로 한 반란군들은 사쓰마번(薩摩藩)에서 거병하여 초반에 기세 좋게 정부군을 몰아붙였지만 구마모토성(熊本城)으로 쫓겨 도망간 정부군을 끝내 함락시키지 못해 지체하고 있는 동안 신식 무기로 무장한 대규모 정부군의 반격에 토벌당하고 만다. 반란의 주역이었던 사이고 다카모리(西鄕降盛)는 할복으로 생을 마감하고 반란은 7개월여 만에 끝이 난다. 세이난 전쟁을 배경으로 한 영화가 바로 톰 크루즈 주연의

"라스트 사무라이"이다.

정부군이 반란군에게 쫓겨 들어가 끝까지 저항한 구마모토성(熊本城)은 임진왜란 때 조선을 침략한 가토 기요마사(加藤淸正)가 전쟁이 끝난 후 자기의 영지인 구마모토(熊本)현에 쌓은 성이다. 가토 기요마사(加藤淸正)는 정유재란(1597년) 때 재차 조선을 침략하였다가 울산 왜성에서 조명(朝明) 연합군의 포위 속에서 구사일생으로 살아남은 경험을 살려 축성한 성이다. 가토 기요마사(加藤淸正)는 농성전에 대비하여 엄청난 수의 우물을 파두었고, 식량 확보를 위해서는 은행나무를 심고, 다다미(일식 돗자리)를 식용으로 먹을 수 있게 토란 줄기로 하였다고 한다. 세이난(西南) 전쟁에서 방어에 탁월하다는 성(城)임이 입증된 셈이다. 세이난(西南) 전쟁 진압을 계획, 명령한 자는 바로 난을 일으킨 사이고 다카모리(西鄕隆盛)의 동향 친구이자 메이지 정부 핵심인 내무대신 오쿠보 토시미치(大久保利通)였다. 그 또한 이듬해 무장 사무라이들에게 암살당한다.

메이지 유신 후 1871년에는 사민평등(四民平等)으로 사회 계급 제도가 철폐되었지만 구게(公家, 왕족), 다이묘(大名, 영주)는 가조쿠(華族, 귀족)로, 사무라이는 계급에 따라 시조쿠(士族, 사족) 또는 소츠조쿠(卒族, 졸족)로 바뀌었고 바뀌었고 그 아래 하급무사와 농민 상민 천민 등을 평민으로 평등화 하였다. 이로 인하여 일반 백성은 직업을 자유롭게 선택

할 수 있었고, 마음껏 이사갈 수 있게 되었으며[42], 계급에 구애받지 않고 결혼도 가능하게 되었고, 또 사회가 비대해짐에 따라 세금 부과 문제 등으로 모두가 묘우지(성, 姓)를 갖게 되었다. 이렇게 사회는 한층 더 복잡해지고 다양해져 갔다.

세이난(西南) 전쟁 이후 일본은 관료 주도로 부국강병에 힘쓰다가 1894년 조선의 동학 혁명을 계기로 청일 전쟁을 일으켜 승리한 후 1904년 러일 전쟁에서 승리, 1910년 한일 합방에 이르는 수순을 밟게 된다.

---

42 과거에는 백성은 영주의 재산으로 거주 이동의 자유가 없었음.

12

메이지 유신의 성공과 현재의 일본
(1868년)

1840년 아편 전쟁 이후 동아시아 삼국은 차례로 서양 세력의 침략을 받았고, 그것을 해결해나가는 과정에서 중국은 서구의 반식민지 상태로 놓이게 되었고, 조선은 일본의 식민지가 되고 말았다. 그것을 알아보기 위해서는 일본이 어떻게 메이지 유신을 성공시킬 수 있었는지 알아보자.

첫 번째. 일본은 2백여 년간 한 번도 외세 침략 및 변변한 내전마저도 없는 태평 시대를 지속 해왔다. 그러다가 18세기 들어서 일본 근해에 잦은 러시아 함선의 출현에 긴장하여 그때까지 간접 지배하고 있던 아이누족이 살고 있는 에조치(蝦夷地, 홋카이도)를 1799년에 서둘러 막부 직할령으로 삼는다. 그리고 아편 전쟁(1840년)으로 중국이 서양 세력에 무너지는걸 보고는 봉건제로 쪼개져있는 일본이야말로 손쉽게 서양의 식민지가 될 거라고 두려움을 갖게 된다. 이렇듯 과장된 과도한 위기의식이 개혁 개방을 이끌어낸 것 같다. 자연재해가 많아서인지 일본인 특유의 엄살에 가까운 위기의식을 갖고 대처한 결과로 볼 수 있겠다.

두 번째. 일본은 17세기부터 쇄국 정책을 펴왔지만 나가사키 앞 데지마를 통해서 서양 사정에 관한 정보는 듣고 있었다. 아편 전쟁 결과나 서구 세력들이 가진 식민지 수, 페리 제독이 내항할 것까지 등도 알고 있었다고 한다. 이러한 앞선 국제 정세에 관한 정보력 때문이라 할 수 있겠다. 한마디로 시대의 흐름을 읽고, 그 흐름에 재빨리 순응하였기 때문이라 볼 수 있겠다.

세 번째. 막부 체제에 도전할만한 사쓰마번(薩摩藩), 죠슈번(長州藩) 같은 힘이 있는 번(藩)의 우수한 군사력과 경제력을 들 수 있겠다. 사쓰마번(薩摩藩), 죠슈번(長州藩)은 에도(江戶, 동경)에서 멀리 떨어져 있어 막부(幕府) 몰래 서양과 무역을 통해 부를 축적할 수 있었고, 그것을 바탕으로 최신 무기로 무장하여 막부(幕府)와 대등하게 싸울 수가 있었다. 우리나라로 치면 동학 혁명 때 농민군의 무기가 관군이나 일본군보다 비슷하거나 앞섰다 할 수 있겠다. 사쓰마번(薩摩藩), 죠슈번(長州藩) 두 번(藩)을 합쳐도 일본 전체의 1/20 정도 밖에 되지 않지만 이들이 에도 막부와 엇비슷하거나 오히려 앞선 전력을 가진 건 바로 무역의 힘이고 그것을 바탕으로 한 우수한 무기력을 가졌기 때문이다. 여기서 무엇보다도 군사력이 중요하다는 걸 다시금 깨닫게 된다.

네 번째. 노자(老子)에는 애병필승(哀兵必勝)이라는 말이 있다. 이는 엇비슷한 병력이 싸울 때는 슬픔(哀, 애)이 많은 병력이 이긴다는 뜻이다. 사쓰마번(薩摩藩)과 죠슈번(長州藩)는 도자마다이묘 지역으로 막부(幕府) 260년 동안 정치에서 소외된 변방 지역으로 그들의 한(恨)과 서러움이 막부(幕府)군을 이기게 한 원동력이었고, 메이지 유신으로 폭발되어 나왔다.

다섯 번째. 인구의 10% 정도를 차지한 지배 계층 가운데에서도 80% 이상을 차지하고 있는 하급 사무라이의 경제적 궁핍과 엄청난 독서량에 의한 기존 체제에 대한 불만이 일으킨 지배층 내의 쿠데타라 할 수 있겠다. 조직화 되지 않은 일반 농민층이 아니라 하급 사무라이들은 그 사회에서는 그래도 지배 계급이어서 쉽게 조직화할 수 있었고, 조선의 동학 혁명 때처럼 일반 농민들과 군인들과의 싸움이 아니라 사무라이 대 사무라이, 군인 대 군인의 싸움으로 어느 한쪽의 일방적인 게임은 아니었다. 당시 사무라이들 외에는 무기를 소지할 수 없었기에 일반 농민들의 참여 없이도 가능했다. 그러했기 때문에 프랑스 혁명에서 희생된 자가 대략 70만 명인데 비해 메이지 유신과 그 후의 세이난 전쟁(1877년) 희생자를 합하여도 3만 명가량 정도 밖에 되지 않았다. 이런 적은 코스트로 광범한 변혁을 이뤄냈다는 점에서 대단하다고 볼 수 있겠다.

여섯 번째. 천황(天皇)의 존재이다. 7백 년 이상 존재감이 없던 천황(天皇)이지만 나라의 운명이 걸린 결정적 순간에 그 존재감을 드러낸 것이다. 메지지 유신 세력도 막부(幕府)를 "조정(朝廷, 천황의 정부)의 적"이라 규정하고 천황(天皇)이란 명분을 내세워서 빠르고 효율적으로 권력을 장악할 수 있었다. 메이지(明治, 명치) 천황(天皇)이 교토의 어쇼(御所, 황궁)에서 5개조의 어서문(御書文)을 발표하고 본격적인 개혁을 시작한 1868년 3월을 메이지 유신의 기점으로 삼는데, 실제로 그 시작은 1867년 11월 9일 쇼군이 다이세이호칸(大政奉還, 대정봉환)으로 권력을 천황(天皇)에게 넘겨준 시점이라 볼 수 있겠다. 만약에 천황(天皇)이 없었다면 그렇게 쉽게 쇼군이 권력을 삿쵸(薩長, 사쓰마번/죠슈번) 측에 넘겨줄 리 없었을 것이고, 설령 넘겨주었다 하더라도 엄청난 내전 끝에 넘겨주었을 것 같다. 메이지 유신에서 천황은 그 자체로서 중요했다고 볼 수 있겠다.

일곱 번째. 메이지 유신 전문가인 일본의 마타니 히로시 교수는 일본에서 메이지 유신이 성공한 요인으로 일본은 260개의 번(藩)으로 쪼개진 봉건제(封建制) 그리고 천황(天皇)과 쇼군(將軍)으로 권력이 나뉘어져 있어 나라의 제제를 조선보다 부수기가 쉬웠고, 조선의 지배 계급인 양반은 자기 땅을 소유하고 있었지만 다이묘(大名, 영주)와 사무라이는 대부분 자기 토지를 갖지 않고 급료를 받았기에 그들의 권익이나 수입을 나라가 빼앗기가 쉬웠기 때문이라고 보고 있다.

여덟 번째, 이것은 아마도 오직 국가를 위한 마음 하나일 것이다. 비록 서로 적대관계로 싸웠지만 그것이 끝난 후 곧바로 포용하면서 함께 하자는 자세일 것이다. 15대 쇼군도 사실상 1인자였지만 그 자리를 내려온 후도 끝까지 귀족으로 대우해 주면서 78세까지 역대 쇼군 중 가장 장수하였으며, 사이고 다카모리는 메이지 정부에 대한 반란죄로 비록 자결하였지만, 10년 후 곧바로 사면해 주었고 그 동생과 아들은 메이지 정부군에 들어가 헌신하였다. 막부군의 최고책임자로 정부군의 에도 무혈 입성을 도운 카이 카츠슈도 나중에 메이지정부를 도운데 힘을 쏜다. 이렇듯 서로 인재를 알아보고 아껴쓰는 이들의 자세야말로 메이지 유신을 성공으로 이끈 요인중 하나이지 않을까.

메이지 유신은 위에서 언급한 것처럼 어느 것 하나로만 설명할 수 없는 여러 복합적 요인으로 성공했다고 볼 수 있겠다.

현재의 일본 일본은 메이지유신의 성공으로 아시아 국가중 가장 먼저 근대국가의 틀을 갖춘다. 메이지 유신은 전근대적 막부지배에 대한 거부감으로 천황을 중심으로 한 하급사무라이들의 반란으로 일어난 사건이다. 서구와 달리 지배층간의 권력 싸움으로 일어난 것이 특징이다. 이 메이지유신은 일본을 부국강병으로 달려 가는 시작점이 되었다.

일본사람들은 카마쿠라막부, 무라마치막부, 에도막부, 이렇게 이름만 바꾸어 700년간 내려온 군사정권 아래에서 명령과 조직체계의 순응에 익

숙하게 됩니다. 이러한 사회적 분위기는 근대사회에와서 대량생산하는 그런 시스템에는 잘 맞으나 현대의 창의적인 시스템에서는 오히려 장애가 되었다고 볼수 있습니다.

1964년 일본은 도쿄올림픽을 치르면서 온 국민이 국가의 발전에 힘을 모으는 큰 계기가 되었습니다. 그 결과 한때는 세계 10대기업에 일본의 기업이 8개나 들어갈 정도가 되었다. 소니와 반도체등 일본의 전자제품은 우리네 어머니들이 줄을 서서 사고 싶은 명품이였고, 그 당시 일본의 엄청난 부와 위상을 지금도 가히 짐작할 수 있습니다.

그런 일본이 1990년대를 접어들면서 경제의 극심한 침체를 겪게 되는데 그 이유들을 살펴보면 사무라이 정신의 세습체계가 사회전반에 지배되면서 모든 정치, 기업들이 세습을 하는 보수적인 체제를 유지했기 때문입니다.

그 당시 서구는 엄청난 변화의 소용돌이 속에서 경영인 전문체제를 시행하면서 급변하고 있었고, 또한 미국이 급부상하는 일본의 경제를 누르기 위해 플라자 합의를 하게 됩니다. 이것으로 인해 일본은 잃어버린 20년의 시작 길로 접어 들게 됩니다, 그 후 일본은 반도체 산업을 수출과 관계없이 앞으로의 미래 산업인데도 고 엔화로 할 수 없이 포기하게 된 것이 지금의 일본이 다시 세계화에 따라 갈수 없는 상태가 된것입니다.

또한 인구의 급격화감소와 노령화, 인재양성에 실패하게 되어 지금 일본이 다시 일어서기 위해 뭔가를 시도하기도 참으로 어려운 상황이라 볼 수 있다. 그리고 20-30년간 물가, 임금 모두 동결되어 마치 정체된 사회의 모습으로 젊은이들이 의욕상실, 비젼실종이라는 이러한 모습을 지켜보면서 일본과 비슷한 사회적 구조와 습성을 가진 우리나라의 나아갈 길의 방향을 생각하게 만듭니다.

|참고 문헌|

1. 歴史ミステリー倶樂部, 『図解! 江戸時代』, 三笠書房.
2. NHK 高教講座 - 日本史, http://nhk.or.jp/kokokoza/
3. 『歴史 ドキュメントゼロワン ― 江戸~東京』, NHK, 2008.
4. 박훈, 『메이지 유신은 어떻게 가능했는가』, 민음사, 2014.
5. 이원복, 『먼나라 이웃나라 - 일본편』, 김영사, 2005.
6. 성희엽, 『조용한 혁명 - 메이지 유신과 일본의 건국』, 소명출판, 2016.
7. 존 k. 페어뱅크, 『동양 문화사』, 을유문화사.
8. 福沢諭吉, 『후쿠자와 유키치 자서전』, 이산, 2006.
9. 조용준, 『메이지 유신이 조선에 묻다』, 도도, 2018.
10. 미타니 히로시, 「메이지 유신 국제비교」, 중앙일보, 2018.
11. 『EBS 다큐 10 - 근대 일본의 탄생』, EBS, 2004.
12. 佐々木端枝, 『日本事情入門』, 다락원, 2005.
13. 이종각, 『일본 난학의 개척자 스기타 겐파쿠』, 서해문집, 2013.
14. 김옥주, 「에도 말 메이지 초 일본 서양의사의 형성에 대하여」, 의사학, vol. 20, no. 2, 통권 39호, 2011.
15. 박삼현 등, 『도시는 역사다』, 서해문집, 2011.
16. 「中學 歷史」, 映像授業 『Try IT(トライイット)』, https://www.try-it.jp/

에도시대를 알면 현대일본이 보인다

개정판 1쇄 발행 2023년 2월 1일

지은이 류광하

펴낸이 임병천
펴낸곳 책나무출판사
출판신고 2004년 4월 22일(제318-00034)

주소 서울시 영등포구 신길3동 325-70 3F
전화 02-338-1228 **팩스** 0505-866-8254
홈페이지 www.booktree.info

ⓒ 류광화 2023
ISBN 978-89-6339-691-0 03910

*이 책의 판권은 지은이와 책나무출판사에 있습니다.
*양측의 서면 동의 없는 무단 전재 및 복제를 금합니다.
*잘못된 책은 바꿔드립니다.

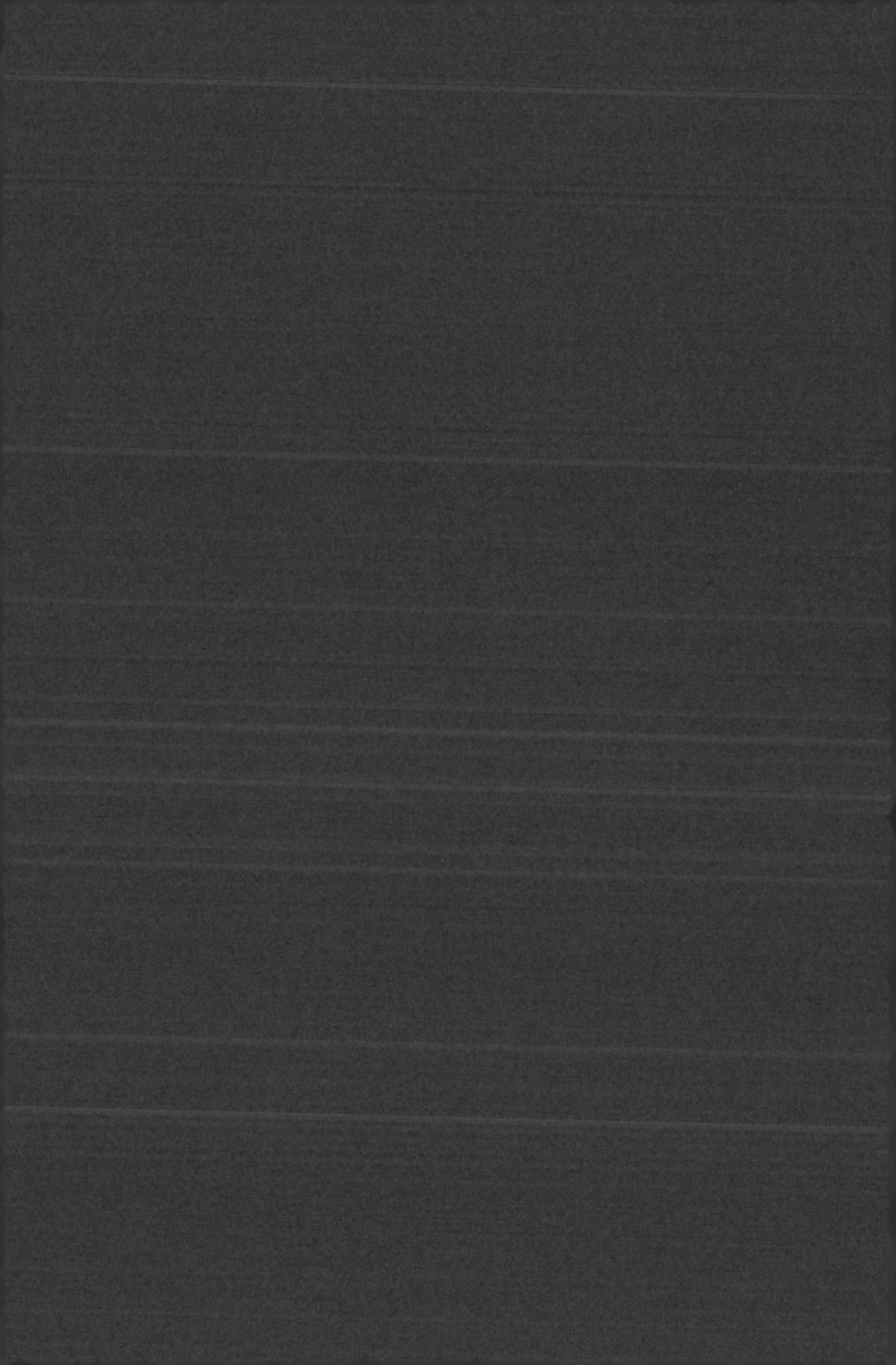

"오늘날의
일본을 있게 만든
에도시대를 만나고,
에도시대를 이야기 하는 건
언제나 나를 설레이게 한다"

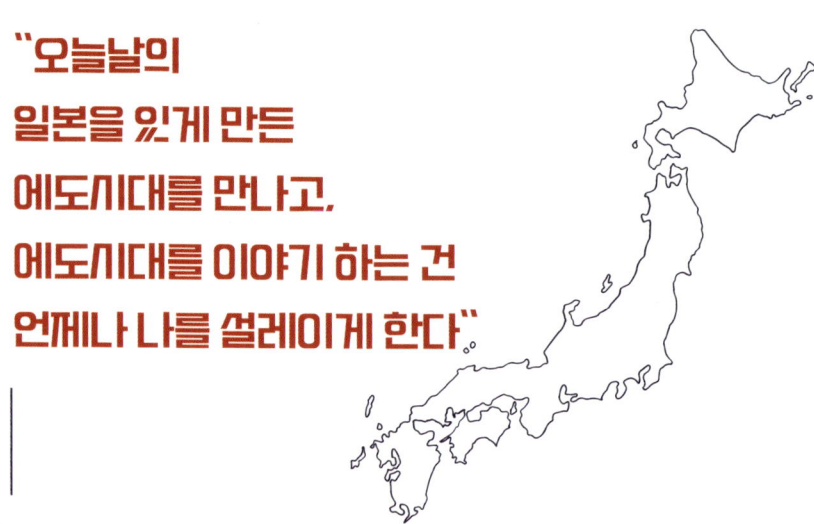

"일본 여행에 앞서 읽어야 할 한권의 책"
- 추천의 글 가운데

시대를 거슬러 가서 약 150년 전에 막을 내린
에도시대의 정치, 경제, 문화, 의학 등을 알아봄으로써
오늘날 일본의 모습을 갖추게 된 과정을
독자들과 공감하며 함께 나누고자 한다.

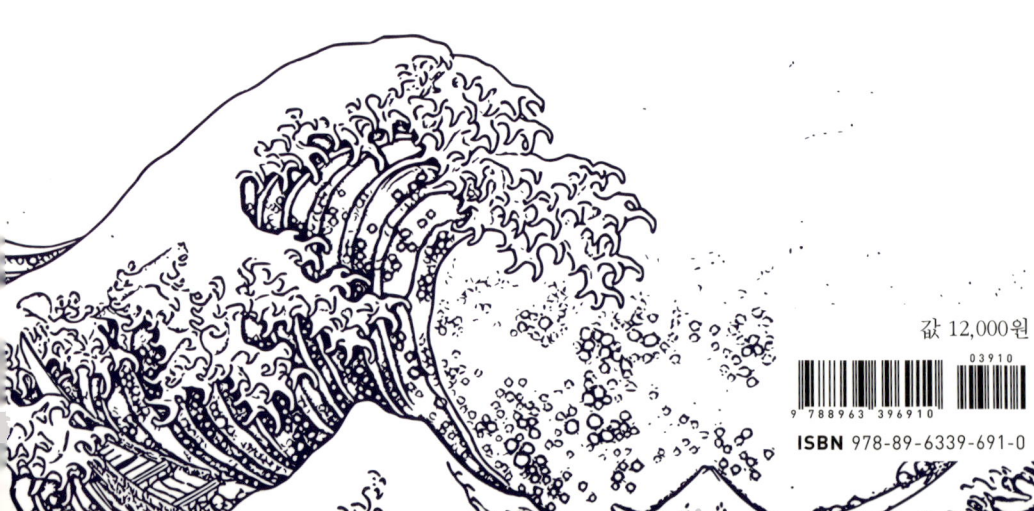

값 12,000원

ISBN 978-89-6339-691-0